믿는 대로 되는 긍정의 힘

믿는 대로 되는 긍정의 힘

초판 1쇄 2021년 02월 23일

지은이 정선 | 펴낸이 송영화 | 펴낸곳 굿위즈덤 | 총괄 임종익

등록 제 2020-000123호 | 주소 서울시 마포구 양화로 133 서교타워 711호

전화 02) 322-7803 | 팩스 02) 6007-1845 | 이메일 gwbooks@hanmail.net

© 정선, 굿위즈덤 2021, *Printed in Korea*.

ISBN 979-11-91447-00-2 03190 | 값 15,000원

믿는 대로 되는 긍정의 힘

정선 지음

굿위즈덤

"생각하고 말하고 행동하여 이룰 수 있었음에 정말 감사합니다!"

"나 자신을 믿고 끊임없이 노력하면 꿈을 이룰 수 있다는 용기를 얻게
되어서 감사합니다!"

"간지 나는 엄마가 우리 엄마라서 감사합니다!"

이 책을 출판하기로 계약한 날, 우리 가족 3명의 감사 단톡방 내용이
다. 한 달 전쯤, 우리 아이 둘에게 매일 감사 글을 단톡방에 올리자고 제
안을 했다. 나야 오래전부터 늘 감사일기를 쓰며 지내왔지만, 그동안 한
번도 아이들에겐 말을 해본 적이 없었다. 뭐랄까? 스스로 알아서 깨닫기
전에는 엄마의 말이 잔소리로밖에 들리지 않을 거란 생각 때문이었다.
하지만 책을 쓰기 시작하면서 내 생각이 대단히 잘못되었음을 깨우치게
되었다.

내가 이 책을 쓰는 이유가 무엇인가? 시인 폴 발레리의 명언처럼 "생각대로 살지 않으면 사는 대로 생각하게 된다."라는 것을 말하고 싶은 게 아닌가. 나의 인생 이야기가 독자들에게 반면교사가 되기를 바라는 마음으로 책을 썼다. 좌절과 고통의 시간에 빠졌을 때 무엇이 내 삶을 양지로 끌어올려주었는지 말하고 싶었다. 그래서 이 책을 선택한 사람들 모두가 자신 안에 잠자고 있는 마음의 힘을 찾길 바라는 소망을 품고 달려왔다. 당연히 가장 가까이에 있는 자식들에게는 진즉부터 그것을 찾도록 도와줬어야 했다.

벌써 1년이 훌쩍 넘었다. 한 번도 겪어보지 못한 코로나 19라는 무서운 전염병이 도는 세상 속에 우리는 놓여 있다. 기존의 생활 방식은 아예 유지 자체가 불가능하다. 가게와 공장들이 멈추고 그로 인해 일자리를 잃고 생활고에 시달린다. 물론 예방 백신의 개발과 접종 기대감으로 머지않아 집단면역의 날이 올 거라는 희망은 있다. 그러나 당장 무너져버린 우리의 삶은 어찌할 것인가? 자꾸만 움츠러드는 우리의 마음을 다독이고 힘을 내게 해줄 무언가가 필요하지 않은가. 이 어려운 시기, 그 역할을 조금이라도 하고 싶은 마음에 꽁꽁 숨겨왔던 나의 이야기들을 이 책에 다 풀어놓았다.

이 책의 제목은 『믿는 대로 되는 긍정의 힘』이다. 한 줄의 제목 안에 이 책이 전하고 싶은 주제가 그대로 다 들어가 있다. 세상의 모든 일은 우리가 굳건하게 믿음을 유지하는 한, 그대로 다 이루어진다. 어떤 상황에 직면하더라도 긍정의 마음을 놓쳐서는 안 된다. 원하는 걸 생각하고, 할 수 있음을 자신 있게 말하고, 그런 믿음을 가지고 행동한다면 못 해낼 게 없다. 우리 모두의 마음속에는 긍정이 살아 숨 쉬고 있다. 어린 시절에 우리는 당연하게 긍정과 같이 어울려 지낸다. 그러다 나이가 들고 현실의 삶 속에서 부대끼며 살아가는 동안, 우리는 긍정의 존재를 잊어버린다. 나 또한 그랬다. 이 책에는 나의 그런 삶의 여정이 고스란히 담겨 있다. 부모님께 물려받은 원래 내 마음의 힘을 되찾는 과정이 그려져 있다.

나름대로 열심히 살아온 것 같은데 어느 날 문득 내가 어디에 서 있는지 갈피를 잡지 못하는 사람, 부모·자식 문제로 하루하루 괴로움 속에서 지내는 사람, 고단한 삶에 발목 잡혀 꿈을 잃고 살아가는 사람. 되도록 그 사람들이 이 책을 만나게 되길 소망한다. 그 중, 단 한 명의 독자라도 자신 안의 긍정과 다시 재회할 수 있게 된다면 나는 더 바랄 게 없다.

우리는 언제나 행복하길 원한다. 내가 행복을 느낄 만한 상황이 저절로 눈 앞에 펼쳐지기만을 막연히 바라며 살아간다. 하지만 그런 일은 절대 생기지 않는다. 행복은 오로지 우리의 선택에 의해서만 누릴 수 있는 것이기 때문이다. 지금 아무리 어렵고 힘들더라도 우리는 행복을 선택할 수 있다. 어떻게 하면 그게 가능한지, 내 안의 긍정을 찾고 스스로 삶의 습관으로 만들기 위해서는 어떻게 해야 하는지, 원하는 것을 모두 이룰 수 있다는 믿음의 트라이앵글이라는 것이 대체 무얼 말하는지 그 모든 것들을 내 삶의 이야기 속에 버무려 독자 여러분들이 공감할 수 있도록 노력하였다.

이야기한 책들은 무수히 많다. 이름만 들어도 대단한 성취를 이룬 분들의 책인 경우가 대부분이다. 그 점이 이 책과의 차이점이다. 나는 평범한 소시민이다. 대외적으로 이름을 알려본 적도 없다. 지극히 일상적으로 만날 수 있는 옆집 사람이다. 그리고 나는 여전히 행복을 찾고 있는 사람이다. 이미 다 이룬 완성형의 사람이 아니라 독자들과 함께 하나, 하나 앞으로도 꾸준히 이루어가고 싶은 사람이다.

우리 딸은 명령조의 말을 하는 사람이 제일 싫단다. 그 말에 불현듯, 살짝 걱정하는 마음이 들었다. 책의 구성상 제법 그런 어조의 말들이 많은 게 생각난 까닭이다. 행여 독자 여러분들께서는 그 문제로 마음 상하는 일은 없기를 바란다. 그건 책을 써 내려가는 내내, 나 자신에게 건네는 말이었음을 이해하시리라 믿는다.

이 책이 나오기까지 도움을 주신 분들이 너무도 많다. 가장 먼저, 내게 책을 쓸 수 있다는 용기를 주시고 원고가 완성될 때까지 끊임없는 격려를 아끼지 않으신 〈한책협〉의 김도사님께 진심으로 머리 숙여 감사드린다. 부족한 원고를 넘치는 칭찬과 함께 선택해준 출판사 실장님, 출간되기까지 부지런한 피드백으로 독려해주신 편집팀장님 이하 굿위즈덤 출판사의 여러 관계자분들께도 정말 감사하다. 책 쓸 시간을 만들어주고자 내가 할 일을 대신 떠맡아준 편의점의 점주님께도 감사의 마음을 전한다. 이 지구상에서 가장 아름다운 존재이며 내 삶의 희망이자 기둥인 아들, 딸아~ 엄마가 정말 사랑한다.

이 세상에 나를 존재하게 해주신 어머니, 아버지…. 두 분의 숭고한 희생과 따뜻한 마음을 영원히 기억하겠습니다. 존경하고 사랑합니다!!

목

차

긍정적인 생각이 나를 바꾼다

2장

감사는 기적을 낳는다

3장

지금 당장 행복해지는 7가지 긍정 확언

4장

긍정의 습관 만드는 7가지 방법

5장

긍정은 회복탄력성을 높인다

1장

긍정적인 생각이 나를 바꾼다

01

행복해지는 법도 배워야 한다

어제 불행했다면 오늘 행복하라.
어제 행복했다면 오늘 더 행복하라.

－앤 라모트－

2010년 3월 2일. 밤새 내린 눈이 온 세상을 하얗게 뒤덮은 날이었다. 주섬주섬 배낭을 메고 제 방에서 나오는 딸과 함께 우리는 집을 나섰다. 버스를 타고 전철을 갈아타고 동서울터미널로 가는 동안 나는 연신 딸에게 이런저런 말들을 건네고 있었다. 사실 기억은 잘 안 나지만 별 내용이 있을 게 없었다. 그날은 딸아이의 고등학교 입학식 날이었고 전날 학교에는 자퇴서를 제출한 상태였다.

오대산 월정사의 템플스테이 담당 스님께서 내주시는 차 한잔을 마시는 둥 마는 둥 하고 일어섰다. 돌아 나오는 길에 딸이 기거할 방을 들여다본 게 그날 거기서 내가 할 수 있는 일의 전부였다. 도착한 지 불과 30여 분만의 일이었다. 저 멀리 손을 흔들고 서 있는 딸아이의 모습이 흩날리는 하얀 눈송이들과 점점 하나가 되어가고 있었다. 그 뒤로 한참을 나는 버스 뒤 창가에 꼼짝없이 붙어 서 있었다.

우리 인생은 다 내 뜻대로만 돌아가지는 않는다. 하물며 자식 문제라면 더더욱 그러하다. 최소한 나의 경우는 이제껏 그래왔고 지금도 여전히 그렇다. 그 당시 딸아이는 살고 싶다고 했다. 억장이 무너지는 심정이라는 말은 그럴 때 쓰는 건 줄 난 비로소 깨달았다. 살고 싶고 행복해지고 싶은 게 우리 인간의 본성이다. 그 순간 나는 내 딸이 그렇게 살기를 간절히 바랐다. 부모 형제로부터 받은 상처, 친구들과 학교로부터 받은 아픔들도 모두 다 치유할 수 있길 소망했다. 어디에서 무엇을 하고 살든 행복해지는 방법을 찾고 배울 수 있기를 진심으로 기도했다. 그래서 살아가는 나날이 진짜 행복으로 가득 차오르길!

엄마가 행복해야 자식도 행복하다는 말들을 우리는 곧잘 듣는다. 그러나 엄마들은 대부분 자식의 행복이 전부이자, 최소한 가장 우선적인 희망 사항일 것이다. 그땐 나도 무조건 그런 마음이었다. 그러나 살아오면서 깨닫게 된 것은, 분명 엄마인 나도 행복해지기 위해 노력해야 한다는 것이다.

우리가 행복하다고 느끼는 데는 아주 작은 일부터 큰 성취를 이룬 일까지 다양하다. 내 아이의 환한 웃음을 보며 행복감에 젖어 든다. 따뜻한 차 한잔의 여유를 만끽하면서도 행복을 느낀다. 우리 집 강아지의 재롱에 행복한 미소가 번진다. 소소한 일상 속에서 문득 나는 행복하다는 기분을 갖게 된다. 그러나 그 순간은 그리 오래가지 못한다.

시험에 합격하고, 취업이 되고, 승진도 하고, 결혼에 성공하고, 집과 자동차도 사고, 적금을 타고. 우리가 원하는 결과가 눈앞에 나타났을 때 행복하다고 말한다. 하지만 그 행복은 어디까지인가? 그 상황이 사라지면 당신의 행복도 같이 사라지는 건 아닌가?

세상을 언제나 긍정적인 눈으로 바라보는, 타고난 사람들이 있다. 그 야말로 그들은 '강아지나 따뜻한 차 한잔'만으로도 충분히 행복해지는 축복받은 사람들이다. 그렇지만 대부분의 우리는 아침부터 밤까지 온갖 걱정을 끌어안고 살아간다. 무슨 일이 생기든 우선 부정적인 결말부터 상상하며 앞서서 걱정하기 일쑤다. 나도 그랬고, 당신도 그럴 것이다.

몸도 힘들고 마음의 갈피를 잡을 수 없는 각박한 현실 속에 우리는 살고 있다. 어떻게 하면 행복을 찾고, 그 행복을 유지할 수 있을까? 다년간에 걸쳐 긍정심리학 분야의 학자들이 내놓은 연구 결과를 한번 주목해보

자. 그것은 개인의 행복이나 건강, 그리고 수명까지도 외부적인 환경보다는 자기 자신의 사고방식에 크게 영향을 받는다는 것이다. 타고난 성향이 긍정적이지 않다고 포기할 필요는 없다는 얘기다.

"무슨 좋은 일 있어요? 얼마 전부터 이상하게 싱글벙글이야."

라면 한 봉지를 계산하면서 잠옷 차림의 단골손님이 말을 건넨다. 모른 척 그냥 웃어넘기긴 했지만 아무래도 티가 나나 보다. 내 온몸의 세포들이 행복 에너지를 마구 뿜어대고 있을 테니 그럴 법도 하지.

요즘 나는 너무 행복하다. "이 코로나 시국에도 장사가 잘되는구나? 아니면 다이어트에 성공했어? 혹시 복권에 당첨된 거 아니야?" 온갖 추측성 이유가 입에서 다 튀어나온다. 아니다. 그런 게 아니다. 내가 행복한 이유는 간단하다. 지금 나는 어릴 적 꿈을 찾아 〈한책협〉의 김도사를 찾아갔고 책 쓰기를 한창 배우는 중이기 때문이다. 내가 찾아낸 행복이고 현재 내게는 안성맞춤인 행복이다.

나는 지난 10여 년 동안 끊임없이 행복해지는 방법을 찾아 헤맸다. 그러면서 하나둘씩 배워나갔다. 엄마인 내가 행복해져야 그 밝은 에너지가 자식들에게 전달된다는 걸 이젠 안다. 나보다 자식이 우선이든 아니든 그 법칙은 변하지 않는다. 그간 두 아이와 좌충우돌 살아오면서 뼈저리게 느끼며 내린 결론이다. 나 스스로 먼저 행복해져야 나도 살고 아이도 살릴 수 있다. 그렇다면 당신은 어떤가? 지금 행복한가? 만약 행복하지 않다면 왜 그렇다고 생각하는가?

세상의 많은 사람이 가장 바라는 소원 세 가지로 꼽는 것이 건강, 부, 행복이다. 다 이루어진다고 생각해보면 그보다 완벽할 수는 없다. 그렇다면 우리는 그 세 가지의 소원을 이루기 위해 평소 어떻게 행동하는가? 감나무 아래 가만히 누워서 감이 떨어지기만을 기다리고 있는가? 그렇지 않을 것이다.

건강해지기 위해 우리는 필사적이다. 방송에서 우리 몸 어디에 좋다는 식품이 소개되면 그것들은 전국적으로 순식간에 팔려나간다. 거기에 다이어트라는 목표까지 얹어지면 그야말로 사생결단의 심정으로 덤빈다. 해마다 새해 계획, 분기 계획, 월 계획에 당연히 첫 번째로 들어가는 것이 있다. 건강을 지키기 위한 운동 일정표가 그것이다.

부의 경우엔 어떠한가? 우리는 태어나는 그 순간부터 장차 부자로 살아야 한다는 세상의 이론에 설득 당한다. 이루고 싶은 꿈도 돈이 벌리지 않는 일이면 외면하고 만다. 그리고 오로지 돈을 목적으로 한, 정해진 코스를 쉴 새 없이 달리는 외로운 마라토너가 된다. 남들보다 만 원짜리 한 장이라도 더 벌기 위해 인생을 산다는 착각이 들 정도이다.

하지만 세 가지 소원 중에서도 가장 큰 소원이라 말하는 데 주저함이 없는 행복! 그것을 대하는 우리의 자세는 참 아이러니하다. 마치 행복은 자기 자신이 아무것도 안 해도 저절로 찾아오는 거라고 착각하는 듯하다. 하지만, 그렇지 않다. 행복의 척도는 개인마다 다 다른 것이며, 각자가 어떤 상태일 때 행복한지는 본인만이 알 수 있다.

건강과 부를 위한 노력만큼은 아니더라도, 행복을 찾기 위해 우리는 무언가 해야 옳지 않겠는가? 물론 누군가는 건강과 부만 가질 수 있다면 행복하다 할 것이다. 당연히 건강하기에 행복을 느끼고, 부자라서 행복하다. 하지만 그것도 노력해야 얻을 수 있는 것이다. 이처럼 당신의 삶에서 얻고 싶은 소중한 행복은 결코 우연히 얻어지지 않는다.

그리고 분명한 것은 우리가 비록 좀 덜 건강해도, 부자가 아니라도 행복할 수 있어야 한다. 그러기 위해서 당신 스스로가 행복을 찾고 배워야만 하는 것이다. 지금부터라도 자신이 언제 행복한지 어떤 일을 할 때 행복한지 한번 돌아보기 바란다. 내 마음을 행복으로 꽉 채우고 계속 그 상태를 유지하며 사는 방법을 찾도록 하자.

당신의 인생을 바꾸는 믿음의 마법

자신이 생각하고 믿는 모든 것들은
반드시 이루어질 것이다.

- 나폴레온 힐 -

당신은 인생을 바꿀 수 있는 마법이 있다고 생각하는가? 아마도 '에이 ~ 설마! 그런 게 있다면 이 세상은 온통 성공한 사람들과 부자들로 넘쳐 났겠지. 그런데 아니잖아? 하루하루 먹고살아야 하는데 일자리가 없어서 고통 받는 사람이 얼마나 많은지 몰라? 자기 몸뚱이 하나 뉠 방 한 칸이 없어 노숙하는 저 수많은 사람은 또 어떻고?'라며 반문할 것이다. 하지만 놀랍게도 그런 마법은 존재한다. 말이 안 될 것 같은 그런 일은 실제로 일어난다.

어릴 적 우리 집은 말 그대로 찢어지게 가난했다. 우리나라 6~70년대 살림살이야 너 나 할 것 없이 어렵긴 매한가지였으리라. 그런데도 당시 우리 집 상황은 전해 듣는 것만으로도 눈물이 왈칵 터져나오는 지경이었다.

이웃집의 화재로 덩달아 집을 잃고 알거지가 되어 길바닥에 나앉게 된 부모님. 당시 엄마 배 속에 있던 나는 일곱 달 반 만에 서둘러 세상 밖으로 나왔다. 남의 집 담벼락에 얼기설기 천막을 치고 살던 때였다. 그 한겨울 시베리아 북풍한설의 찬 기운이 어떠했을까? 생각만 해도 엄마 몸 뼛속 마디마디까지 스며들었을 한기가 느껴진다.

배운 것 없고, 가진 것 없어 험한 막노동과 허드렛일로 근근이 목숨을 연명하던 시절이었다. 게다가 엎친 데 덮친 격으로 그 상황 속에서 굶기를 밥 먹듯이 한 건 어쩌면 당연한 일이었을 터. 소풍 가는 날조차도 오빠들은 아침밥도 굶고 점심 도시락도 못 싸갔다고 했다. 그 얘기 끝에 한 서린 눈물을 훔치시던 아버지 모습이 떠오른다.

죽었다가 깨어나도 못 벗어날 것 같은 그 끔찍한 가난의 굴레. 하지만, 당장 하루 한 끼니도 못 챙기던 그 비참함 속에서 부모님은 빠져나오셨다. 자식 넷 다 대학까지 공부시키느라 온몸의 뼈가 다 주저앉을 정도로 죽도록 일만 하고 사셨다. 그리고 그렇게 이삼십여 년의 세월이 흐르고 결국 부모님은 해내셨다.

당신들의 인생을, 자식들의 미래를 통째로 바꿔놓으신 부모님만의 마법은 무엇이었을까? "살 수 있다고 생각했지. 해낼 수 있다고 믿었어. 안 그러면 내 자식들이 죽으니까 안 돼!" 젊은 시절보다 몸피가 거의 반이나 쪼그라든 듯한 엄마가 웃으며 말씀하셨다.

세월 지나 이제는 두 분 다 돌아가시고 안 계시는 지금, 우리 부모님이 내게 전해주신 마법의 요체가 무엇이었을까 생각해본다. 그것은 다름 아닌 믿음이었다. 내가 자식들을 살릴 수 있다는 믿음, 끝까지 포기하지 않고 노력하면 될 거라는 믿음 말이다. 무한 사랑을 가슴에 품고 행동하는 믿음의 힘은 가히 놀라울 뿐이다.

당신이 이 세상을 살아가는 원동력은 무엇인가? 태어났으니 그냥저냥 되는 대로 살고 있지는 않은가? 어릴 적 우리는 이루고 싶은 많은 꿈을 이야기한다. 열심히만 하면 다 될 거라는 가족의 격려를 받으면서 그렇게 자란다. 유치원부터 초, 중, 고등학교를 졸업하고 대학을 진학하거나 바로 사회인이 되기도 한다.

그런 정해진 육체적 성장의 과정을 걷다 보면 우리는 인생의 수많은 문제와 맞닥뜨린다. 그럴 때는 둘 중 하나다. 해결하거나 혹은 포기하거나. 허약한 체질을 바꾸기 위해 꾸준히 운동한다. 집안 형편이 어려워 각종 아르바이트를 하며 학비를 충당한다. 자신에게 맞는 일을 찾고 싶어 많은 일에 도전하며 경험을 쌓는다. 이는 자신에게 닥친 문제를 해결하고자 노력하는 사람들이다.

반면 삶의 문제들이 내 발목을 잡을 때 뿌리치고 덤벼보지도 않고 포기하는 사람들이 있다. 현실이 마음에 들진 않지만 내가 발버둥 친다고 바뀔 게 없을 거란 핑계를 댄다. 그리고 그냥저냥 살아간다. 도대체 그 두 부류 사람들의 차이는 무엇일까?

우리 부모님이 자식 넷을 데리고 노숙 생활을 하게 됐을 때 그냥 포기하셨다면 어떻게 됐을까? 지금 생각해도 몸부림친다고 해결될 정도의 상황이 아닌데 말이다. 가끔 뉴스에 등장하는 가족 동반 자살이란 끔찍한 결과가 초래됐을지도 모를 일이었다. 물론 그런 죄지을 생각이 든 적도 많았노라 부모님께서 고백하신 적이 있다. 그러나 할 수 있다, 하면 된다는 믿음을 버리지 않으셨다고 한다.

문제라는 것은 우리가 해결할 수 있다고 믿느냐 아니냐에 따라 달라진다. 지금 뭔가를 해내고 싶은데 끊임없이 자기 합리화를 하며 주저앉아 살고 있지는 않은가? '그러기엔 내게는 돈이 없어, 시간도 부족하고, 그럴 능력도 갖추고 있지 않아.'라고 되뇌면서 말이다. 핑계일 뿐이다. 이제 그만, 된다는 믿음을 무기 삼아 나아가보라.

가능하다고 믿으면 우리는 저절로 행동으로 옮긴다. 그리고 노력하여 원하는 결과를 얻는다. 그런 강력한 믿음이 신념이 되고 장차 우리의 미래를 바꾸는 결과를 낳는다. 이 세상의 모든 일은 생각(상상)하고 말하고 그에 따른 행동으로 성취되는 것이다. 생각(상상)의 믿음, 말의 믿음, 행동의 믿음을 나는 믿음의 트라이앵글이라 부른다. 그중 하나라도 빠지면 이룰 수 없는 허상의 믿음이 되고 마는 것이다.

생각(상상)의 믿음

우리의 몸과 마음을 다스리는 힘의 원천은 우리 안에 있다. 인간의 선천적인 능력인 생각하는 힘, 상상력이 그것이다. 아침에 눈 뜨는 순간부터 늦은 밤, 잠자리에 들 때까지 우리는 쉬지 않고 생각한다. 그 가운데 의식적인 생각은 찾기 힘들다. 그리고 그 정제되지 않은 생각들이 우리의 미래에 현실로 모습을 드러낸다. 끔찍하지 않은가?

내 생각이 나의 앞날을 그리는 중요한 도구임을 인식하라. 신비롭고 무한한 힘을 가지고 있는 상상력을 의식적으로 사용하라. 상상하기는 잠재의식 속에 그림을 그려 넣는 것이다. 근육이 이완되는 잠들기 직전과 잠에서 막 깨어날 때가 가장 좋다. 상상력을 이용하여 원하는 생각의 씨앗을 뿌려라. 뿌린 대로 거두는 것이 자연의 이치다. 꿈꾸는 모든 것이 성취되는 믿음의 마법이 펼쳐질 것이다.

말의 믿음

인생은 내가 말하는 대로 돌아간다. 당신은 평소에 주로 어떤 말을 하는가? 사람은 자신이 하는 말을 따라 간다. 당신이 자주 쓰는 말들을 기억해보라. 그리고 자신의 삶을 한번 돌이켜보라. 당신이 습관적으로 하는 말과 당신의 인생은 묘하게도 일치하는 것을 발견하게 될 것이다.

말에는 강력한 힘이 있다. 하루에 1만 번 이상을 반복하면 운명이 바뀔 수 있다고 한다. 원하는 모습을 말하라. 가슴 속의 꿈을 이야기하라. 말하는 사람도 듣는 사람도 지겨워질 만큼 끊임없이 확신에 찬 언어를 사용하라. 말은 곧 우리 마음에서 우러나오는 믿음의 표현이다. 보름달과 같이 꽉 찬 믿음으로 자신을 가득 채워라.

당신의 인생을 앞서 보여주는 것이 바로 당신이 평소에 쓰는 말이다.

그렇다면 당신은 자신의 인생이 어떻게 흘러가기를 바라는가? 건강과 풍요의 바다, 행복의 나라를 꿈꾸는가? 자, 이제 당신의 말을 바꿀 차례다. 당신의 마음에 믿음의 말이 넘치도록 하라. 그러면 당신에게 기적이 일어날 것이다.

행동의 믿음

내가 원하는 것이 이미 다 이루어졌다는 기쁜 마음으로 상상하고 있다. 변함없는 믿음의 말을 끊임없이 쏟아 붓고 있다. 그러면 이제 행동으로 나아가야 할 때다. 상상과 말의 힘을 믿고 실천하는 사람들에게는 어느 순간 영감이 올 것이다. 직감적으로 끌려서 무언가 하고 싶은 일이 생긴다. 그것은 너무나 자연스럽고 기분 좋은 행동으로 연결된다.

요즘 내가 너무 행복하다고 말하고 있는 이유도 바로 이것이다. 나는 작가가 되기를 늘 소망하고 꿈꿔왔다. 먹고살기 위한 일터에 묶여 있어야 했지만, 꼭 이룰 수 있다는 믿음을 버리지 않았다. 내가 성취하고자 꿈꾸는 것들은 모두 이루어질 거라 늘 입버릇처럼 되뇌었었다. 그리고 영감에 따라 〈한책협〉에 갔고 지금 꿈을 이뤄가고 있다.

마음으로 간절히 원해야 빛이 보이고 그에 따라 행동해야 비로소 기적의 해는 떠오른다. 우리는 너 나 없이 모두 저마다의 꿈을 소망하며 살고 있다. 하지만 누구는 그 꿈을 당당히 현실에서 구현하고 또 다른 누구는 항상 망상에서 그친다. 행동하느냐 마느냐에 따라 인생의 크나큰 차이를 만들어내는 것이다.

　물살을 따라 흐르는 여유로움과 저절로 이루어진다는 느낌이 오는 일을 선택하라. 그러면 당신은 곧 우주가 보내는 기적을 체험하게 될 것이다. 무엇인가 이루고 싶고 하고 싶은 것이 있다면 더는 머뭇거리거나 망설이지 말라. 지금 당장 당신의 인생을 바꾸는 믿음의 마법을 사용해야 할 때다.

03

피해자 코스프레를 하지 마라

그대 자신이 되어라.
그대 이외에는 모두 다른 사람의 몫이다.

- 오스카 와일드 -

사람은 누구에게나 어떤 기억이 있다. 두 번 다시 생각하고 싶지 않은 과거의 상처가 존재한다. 억울하게 부당한 대접을 받았거나 터무니없는 막말의 피해자가 되었던 어떤 장면이 있다. 너무나 어이가 없어서 오히려 꿀 먹은 벙어리처럼 아무 말도 못 했던 때. 그 장면이 떠올라 다시금 몸서리치게 되는 기억이 있다.

명절 연휴가 시작될라치면 기혼 여성들은 경중의 차이는 있지만, 미리부터 명절 증후군에 시달리게 된다. 하루에서 길게는 2~3일까지, 시댁에서 지내는 동안은 아무래도 평소보다 많은 집안일을 하게 마련이다.

그로 인한 육체적 피로에 정신적인 스트레스까지 더해지면 아무래도 예민해지기가 쉽다.

내 기억 속의 그날도 추석 명절 때였다. 결혼생활 14년 차라 특별할 것 없는 시댁에서의 명절 연휴 첫날밤이었다. 맏며느리였던 나와, 결혼한 지 얼마 안 된 막내 동서까지 여자들이 모여 음식 준비를 했다. 다음 날 차례에 쓰일 음식들을 다 만들어놓고 겨우 부엌을 벗어난 직후였던 것으로 기억한다.

중학생인 아들이 방에서 4살 터울 아래인 여동생과 별거 아닌 일로 티격태격하고 있었다. 사춘기에 접어들어 유독 말을 잘 안 듣던 시기였다. 몇 번 제지해도 아랑곳하지 않자, 난 급격히 화가 치밀어 올랐다. 가족들이 대부분 그 방에 모여 있었기 때문에 난 마루로 아들을 끌고 나왔다. 그리고 한쪽 구석에서 좀 심하게 야단을 치려는 순간이었다. 누군가에 의해서 뒷덜미가 잡히고 난 속절없이 끌려갔다.

"네가 뭔데, 우리 집 장손을 이렇게 함부로 막 다루냐. 어~ 네가 대체 뭔데?" 나는 내 두 귀를 의심했다. 그 상황이 도저히 이해되지 않았다. 나는 마치 바람 빠진 풍선처럼 앞뒤 좌우 손위 시누이의 손아귀가 잡아끄는 대로 마구잡이로 흔들리고 있었다. 그야말로 아야~ 소리 한마디가 나오질 않았다.

'그저 이게 뭐지?' 하는 황당함이 나를 감싸고 돌 뿐이었다. 화냥년 소리 들으면서 동네에서 조리 돌림 당하는 모습이 딱 이렇지 않을까 하는 생각만이 멍한 머릿속을 스쳐 지나갔다. 여러 명의 식구가 그 자리에 있었지만 아무도 말리지 않았다. 옆방에서 자다 깨서 나온 남편은 상황 파악도 안 된 상태였다. 하지만 오히려 내게 뭐 하는 짓이냐고 소리치고 있었다. 다만 우리 아이들 둘만 울며불며 자기 고모를 뜯어말리고 있었다. "우리가 잘못해서 엄마가 야단치는 건데, 고모가 우리 엄마한테 왜 그래요?"라면서.

그날 그 일이 벌어진 순간부터 내 마음은 싸늘하게 식어버렸다. 아무일도 없었던 듯, 같이 화투까지 치고 놀다 잠자리에 누운 나는 밤새 소리죽여 울었다. 옆자리에 누운 동서가 아무 말 없이 티슈를 뽑아 계속 내 손에 쥐어주고 있었다. 언제나 집안에 하나뿐인 시누이랑은 좋은 관계를 유지하려 애쓰며 살아왔다. 그리고 서로 나쁘지도 않았다. 그런데 뭐가 잘못된 걸까? 여전히 난 그게 무슨 상황인지 알 길이 없었다.

"자기주장 강하고 활달하던 네가 결혼해서 자식 낳고 이렇게 순종적으로 살 줄 몰랐다." 어느 날 남편과 함께 있는 자리에서 했던 대학 친구의 말이 자꾸만 떠올랐다. 내가 정말 대단히 잘못 사는 건 아닐까?

시아버지 생신날이니 시댁에 내려가는 게 먼저라 첫 결혼기념일인 것도 까맣게 잊었었다. 일 년에 한 번 남편 휴가 때조차도 일주일 내내 시댁에서 지내는 게 너무나 당연했다. 나중에 결혼한 시동생 부부들이 따로 시간을 보내는 게 처음에는 의아할 정도였다. 결혼하고 10년 만에 처음으로 남편 휴가 기간에 시골 말고 제주도 여행을 간 적이 있다. 아이들이 너무 좋아하니 행복하면서도 괜히 죄송한 마음이 들었다. 결국, 솔직해도 될 것을 시부모님께는 거짓말을 하고 다녀왔었다.

전업주부이다 보니 남편 명의의 신용카드 한 장만 갖고 생활했다. 그러나 아무렇지 않았다. 마트에서 장 볼 때 말고는 딱히 쓸 일도 없었다. 가끔은 허락 없이 아이들이 원하는 걸 사주고 싶은 안타까운 마음이 들긴 했지만, 내 개인적으로는 옷이나 화장품 등 어떤 것도 사고 싶다는 생각 자체가 없었기 때문이었다.

돌이켜보니 그동안 난 끔찍할 정도로 착한 여자 콤플렉스에 사로잡혀 살아왔다는 걸 깨달았다. 불편한 마음을 드러내지 않고 숨기기만 하면 나중에는 감정의 출구가 아예 사라져버린다. 난 그때 벌써 그 상태를 넘어선 것이었다. 집으로 돌아온 날 저녁, 난 설움에 겨워 울면서 이혼을 얘기했다. 시댁 식구가 문제라면 남편도 안 내려가겠다고 말했지만, 나로선 이해할 수 없는 말이었다.

내 마음속엔 피해자로서의 콤플렉스가 단단히 뿌리를 내리고 있었다. 그때부터 꼬박 1년을 넘게 난, 밤이나 낮이나 그 생각만으로도 울컥울컥 눈물을 쏟고 다녔다. 내 마음은 늘 허공에 뜬 상태였다. 사춘기의 극한을 달리고 있던 아들을 감당하지 못하는 나날이 지나고 있었다. 남편에게 SOS를 쳐도 그 사람은 늘 회사 일만으로도 바쁘고 힘들다는 답변을 할 뿐이었다. 게다가 그 속에서 숨 쉴 구멍조차 없이 혼자서 외롭게 지내던 우리 딸. 아무 죄도 없는 그 아이마저 서서히 병들어가고 있었다.

이유는 모르겠지만 무조건 다 내 탓이라는 자괴감으로 그 후 몇 년을 살았다. 누구에게도 말하지 못한 채, 내 안의 나에게만 서럽게 피해자 코스프레를 하며 하루하루 흘러가는 대로 그렇게 살아갔다. 못 마시던 술도 그때부터 되는 대로 배워서 나중엔 친정 부모님과 자식들에게까지 걱정을 많이 시켰다. 그렇게 결국 난 못난 딸, 못난 어미가 되어버렸다. 세월이 더 흐르고 이제는 모든 게 편안해진 지금 다시 돌아보면 그야말로 꿈속의 일처럼 느껴지니 참 허허롭다.

인간은 어떠한 경우라도 자기 자신을 포기하고 살면 안 된다. 자기의 삶을 절대 타인에게 맡겨서는 안 된다는 말이다. 그 사람들이 남편이나 아내, 자식일지라도 마찬가지다. 자기 삶까지 송두리째 상대에게 거는 것은, 심지어 가족에게조차도 부담으로 작용할 수 있다.

내가 아닌 타인을 통해 행복을 얻으려고 하지 마라. 엄마나 아빠의 이름으로, 가족이라는 이름으로 즐거움과 슬픔을 함께 나누는 것은 당연한 일이다. 그러나 분명한 것은 진정한 삶의 기쁨은 자기 자신이 주체가 되어야 한다는 것이다. 자신의 에너지는 자기 자신을 성장시키는 일에 먼저 쏟아 부어라. 내가 있어야 부모도 있고 배우자도 있고 자식도 있는 것이다. 그것은 부모에 대한 효나 자식 사랑의 문제와는 다른 얘기다. 내가 빠지고 없는, 가족 친지들만을 향한 에너지 소비는 그야말로 쓸데없는 낭비임을 명심하라.

모든 게 내 잘못이었다. 이제는 안다. 당시의 나는 결혼을 하는 순간부터 나 자신이 사라지고 없었다. 오로지 남의 시선에만 신경 쓰고 산 것이다. 어떻게 하면 내가 계속 착한 사람일 수 있을까만 생각하고 살아온 나날이었다.

화장실도 없고 달아낸 부엌에서 연탄만 가는 방 한 칸짜리 월세 방에서 살았다. 그러다가 반지하, 방 두 칸짜리 집으로 이사하는 날 엄청나게 기뻐했던 기억이 난다. 어쩌다 마루와 통하는 방문이 열려 4~5개월 된 우리 아들이 기어나갈라치면 주인집 아주머니(사실 그분도 전세입자였다)가 서둘러 문을 닫아버리곤 해서 너무나 속상했었기 때문이다.

방 두 칸 집으로 이사한 지 얼마 안 돼서 대학생이던 시동생이 짐을 들고 들어왔다. 하지만 그 전에 누구도 내게는 의견을 묻지 않았다. 마치 맏며느리는 당연히 받아들여야 한다는 것 같았다. 당시 전세보증금 중 일부를 시댁에서 지원해줬던 것으로 기억하는데 아마 그것 때문이었을까?

지금 생각해도 내가 왜 그러고 살았는지 기가 막힐 뿐이다. 당당하게 질문했어야 했다. 시댁 식구들끼리 그런 결정할 때 왜 내게는 알리지 않았는지. 잘하든 못하든 내가 밥하고 빨래해주면서 데리고 있어야 하는 게 아닌가? 그러나 결국, 난 아무런 말도 꺼내지 않았고 그 상황을 그대로 받아들였다.

사실 나이가 제법 들었을 때까지도 난 아파트 관리실에 꼭 필요한 부탁조차 하지 못했다. 왜 이런 성향인지 알 길은 없지만 대부분 남자인 기사들을 마주하는 게 난 몹시 불편했다. 그러니 아직 내 나이 20대였던 그때는 말할 것도 없었다. 남편은 출근하고 없고 혼자 남자 시동생과 함께 있는 건 내겐 너무나 큰 시련이었다.

시동생이 아침 늦잠에서 깨기 전에 서둘러 7개월 된 아들을 안고 밖으로 나왔다. 다행히 친정집이 가까이 있었기에 가능한 일이었다. 그리고 남편은 이미 잠든 늦은 밤, 시동생이 들어오는 인기척이 들리면 급하게 자는 척하고 숨을 죽였다. 그렇게 그 긴 시간을 견디는 바보 같은 생활을 하며 살았다.

얼마나 한심한가? 타임머신이 있다면 그때의 나에게 찾아가서, 정신 차리라고 등짝이라도 한 대 때려주고 싶은 심정이다. 그런 순간들이 모이고 모여서 나는 점점 더 자신을 잃어가고 있었다. 그리고 어쩔 수 없이 스스로 선택한 피해자가 되어버렸다.

모든 결과에는 원인이 있다. 당신이 누군가에게 피해를 보았다면, 반드시 그전에 그런 상황을 가능하도록 만든 이유가 당신에게 있을 것이다. 그것을 찾아라. 당신 자신의 내면으로 들어가서 당신이 원래 어떤 사람이었는지를 보라. 그리고 본래의 자기 자신으로 돌아가라. 더는 피해자 코스프레를 하면서 시간을 낭비하지 말기 바란다. 당신은 누구보다 아름다운 사람이다. 당신은 신이 내린 축복이다. 당신은 시작이자 끝이고, 영원하다. 이제 당신이 누구인지 확실히 깨닫고 행복한 인생길을 담담히 걸어 나가기를 기원한다.

04

자신의 가치를 제대로 알라

나, 내 자체가
행운이다.

- 월터 위트만 -

　당신은 궁금해 한 적이 있는가? 당신이 왜 여기, 이 세상에 존재하고 있는지? 당신이 태어난 목적이 무엇이며, 이 세상에서 할 일은 무엇인지? 피해자 콤플렉스에서 벗어나고자 애쓰기 시작하면서 문득 나도 그게 궁금해졌다. 나는 도대체 누구이고, 왜 지금 여기에 있는 걸까?

　가장 먼저 그 질문에 답을 구한 곳이 단 월드 명상센터였다. 헬스장 가는 것보다 훨씬 좋을 거라는 친구의 권유로 다니게 됐고 원래 목적은 그냥 운동이었다. 그러나 뜻하지 않은 일을 겪으면서 난 좀 더 적극적으로 명상에 침잠하게 되었다.

인간은 우주 일부분이자 전체이며 또한 신성한 존재다. 우리가 나의 실체라고 믿어 온 관념이나 생각, 감정들은 본래의 내가 아니다. 제대로 바라보고 그것으로부터 자유로워져야 한다는 가르침을 마음으로 받아들이기 시작했다. 나는 태어났기 때문에 어쩔 수 없이 이 세상을 살다가는 존재가 아니구나! 내가 고통 받는 이 감정들도 바라봐주면 바다 위 파도처럼 그저 밀려왔다 밀려가는 거구나! 비로소 나는 처음으로 내 삶의 목적을 찾기 위한 여행을 떠나고 있었다.

'나는 누구인가?' 하는 근원적인 질문은 우리가 살아오면서 누구나 한 번쯤은 해봤으리라. 여기서 말하는 '나'는 무엇을 가리키는 걸까? 당신은 누구라고 생각하는지 묻고 싶다. 당신의 몸이 당신이고, 당신의 감정이 당신 자체라고 생각하고 있지 않은가? 어릴 적, 우리는 혹시 부모님이 돌아가시면 어쩌나 하는 생각에 처음으로 죽음에 대한 두려움을 갖기 시작한다. 그 공포는 부모님의 육체적인 몸의 존재 여부가 대상이다. 그런 생각을 지니고 자라온 우리는 당연히 '나'라고 하면 먼저 내 몸을 떠올리게 되는 것이다.

이 세상 사람들은 모두 살아 숨 쉬는 생명체로서 이 우주에 함께 존재하고 있다. 그러나 각 개개인의 정체성은 서로가 너무도 완벽하게 다르다. 당신은 이 세상에서 단 한 사람, 이제껏 없었고 앞으로도 다시없을 너무나도 특별한 존재인 것이다. 당신은 신체적인 '몸' 이상의 존재라는 뜻이 된다. 아무 이유 없이 태어난 생명은 이 세상에 없다. 그러나 사람들은 대부분 내 삶의 목적이 무엇인지도 생각할 겨를 없이 살아간다. 당장 발등에 떨어진 불만 끄면서 하루하루 살아가기도 바쁘다. 그러나 우리에게 주어진 삶은 한 번뿐이다. 끊임없이 묻고 물어 인생의 길을 점검해가야 할 것이다.

'나는 누구인가?', '어떻게 살 것인가?', '어떻게 죽을 것인가?'는 우리가 살아가는 동안 끊임없이 해야 할 질문이다. 근래 개인의 삶은 나날이 피폐해져가고 사회적 가치 또한 기준점을 찾지 못해 표류하고 있다. 이럴 때일수록 그와 같은 근원적인 물음은 우리 인생에 더욱 필수적이다.

특히나 요즘 전 세계적인 코로나 확산으로 인해 생활고가 만만치 않은 지경에 다다르고 있다. 그러다 보니 삶에 지친 사람들이 너무도 쉽게 죽음을 선택하는 경향이 있다. 하지만 어떠한 이유로든 자신을 내던져버릴 만큼 당신은 하찮은 존재가 아니다. 이 광활한 우주상에 유일무이한 존재, 당신은 그런 사람이다. 이제껏 생각해본 적 없었다면 지금부터라도 자신의 가치를 제대로 인식하고 다시 한 번 용기를 내서 살아보자.

낡아빠진 사회의 보편적 이념에 빗대어 자기 자신을 불신하는 것은 안 될 일이다. 스스로 보잘것없고, 가치 없는 인간이라고 치부해버리는 것은 너무도 어리석다. 이 우주가 선사한 생명을 받고 태어난 우리다. 아름답게 살아갈 권리와 의무가 당신에게 잊음을 절대로 잊지 말라. 내가 할 수 있는 최선의 힘을 다해서 가장 값지고 뜻있는 삶을 살아야 한다. 자기 자신에 대한 무한 신뢰와 무한 사랑을 단 한순간도 거두지 마라.

"또 따냐?" 오늘도 역시 극극거리며 열 손가락 발가락에 벌겋게 피를 내는 언니를 보고 있자니 속이 상해 잔소리를 한다. "어떻게 맨날 체하냐, 어디 몸이 안 좋은 거 아니야? 병원을 좀 가보든가." 하루가 멀다고 맨날 그러고 있으니 답답하기도 하고 걱정도 되고 이쯤 되면 습관성이라 말하기에도 정도가 지나치다.

유치원 선생님이었던 언니는 결혼 후 경력 단절 상태로 아들 둘을 키우고 있었다. 조카들은 친구같이 다정한 엄마 밑에서 반듯하게 잘 자랐다. 그러나 직업이 일정치 않은 형부의 수입으로는 생활이 늘 빠듯했다. 오죽하면 학생회장에 출마하려던 고등학생인 큰아들을 만류해야 할 지경이었으니 말이다.

자식이 학생회장이면 그의 엄마가 임원 엄마들 사이에서도 저절로 회장처럼 돼버린단다. 그래서 각종 학교 행사에 빠질 수도 없고, 어쩔 수 없이 이래저래 돈이 제법 들어가게 된다는 것이다. 조카가 초등학교 6학년 학생회장을 할 때부터 언니가 늘 전화통화로 고민하던 문제였다. 초·중학교 때 된통 경험한 탓에 아들을 설득하는 방법을 택한 것이었다.

경제적인 문제뿐만 아니라 형부의 의처증 증세로 언니는 극심한 스트레스를 받고 있었다. 나와 이야기를 나누다가도 작은 소리에 깜짝깜짝 놀라 주변을 살피곤 했다. 힘든 사람들의 사정을 다 들어주며 마음을 잘 보살필 줄 아는 착한 인성을 가진 언니였다. 그런데 언니 자신은 점점 시들어가는 듯한 모습에 마음이 무척 아팠다.

당시 나는 단 월드 수련을 통해 사람에게는 누구나 기운, 즉 에너지가 있음을 알고 있었다. 언제나 사랑의 마음이 넘치는 언니에겐 그런 밝은 에너지를 성장시킬 곳이 필요해 보였다. 그래서 난 건강에도 도움을 받을 수 있고, 마음을 치유하기에도 적합한 정통 요가를 배워볼 것을 권유했다. 언니는 누구보다 열심히 수련 과정을 거쳤다. 자신에게 딱 맞는 옷을 찾은 사람의 모습이었다. 건강을 찾아 나선 길에서 삶의 목적을 찾게 된 것이다. 그로부터 1년 후, 언니는 처음 찾아갔던 그 요가센터의 원생에서 공동 원장 자리를 제의받았다. 그리고 10여 년이 지난 지금도 여전히 요가지도자들을 양성하고 강의도 다니며 행복하게 잘 지내고 있다.

우리는 자신의 가치를 전혀 깨닫지 못한 채 하루하루를 살아간다. 당장 해결해야 할 문제와 분산되어 떠도는 마음잡기에 허덕이며 힘든 시간을 보내는 것이다. 그때 우리 언니도 그랬다. 자기가 어떤 존재인지, 이 지구에서 살아가는 동안 자신에게 맡겨진 소명이 과연 무엇인지 알려고 하지 않았다. 하지만 다행히도 언니는 운명처럼 자기의 길을 찾았고 자신의 가치를 제대로 알고 믿게 되자 그 후의 일은 저절로 다 이루어졌다.

나는 내가 생각하는 '나'이다. 당신이 자신을 무엇으로 규정하든 바로 그것이 맞다. 당신이 스스로 능력 없고 형편없는 사람이라고 생각하면 당신은 그렇게 된다. 나는 이 세상에 꼭 필요한 가치 있는 존재라고 생각하면 정확하게 그대로 된다는 뜻이다. 당신은 무엇이든 원하는 대로 될 수 있고, 할 수 있고, 얻을 수 있다.

당신이 하는 모든 생각은 실체이고 당신은 우주에서 가장 강력한 자석이다. 『시크릿』류의 자기계발서마다 빠지지 않고 쓰여 있는 이 말을 이제는 진짜 시험해보고 싶은 생각이 들지 않는가? 해봤는데 엉터리더라 하는 당신에게 한 가지 비법을 알려주겠다. 무슨 일이 있어도 자기 자신을 신뢰해야 한다는 것이 그것이다.

자신이 가치 있는 존재임을 믿어라. 그리고 자신의 가치에 대한 확신의 말을 꾸준히 반복하라. "나는 나다." "나는 건강하다." "나는 활발하다." "나는 강하다." "나는 정의롭다." "나는 진실하다." "나는 공정하다." "나는 아름답다." "나는 부유하다."

이렇게 "나는, 나는, 나는"이라고 강하고 힘차게 외쳐라. 입 밖으로 내보낸 말은 살아 움직인다. 가장 먼저 당신의 표정부터 바뀔 것이다. 당신도 모르는 사이 일상을 대하는 태도가 변하고 결국엔 당신의 인생도 바뀌게 된다. 힘차고 단호하며, 당당한 자기 확신을 가진 맹세에는 엄청난 창조의 힘이 숨어 있다. 당신의 무의식 속에 잠자고 있는 힘이 깨어나는 것이다. 위에서 언급한 믿음의 트라이앵글이 당신의 가치를 제대로 깨우치는 데도 그대로 적용된다는 말이다.

지금까지 찾으려고 하지 않았던 자신의 가능성을 발견하는 길을 떠나라. 평범한 '나'라는 생각에서 벗어나 모든 것을 이룰 수 있는 우주적인 '나'의 존재를 정확히 인식하라. 이제, 내 안의 나를 깨우고 창조자로서의 힘을 발휘하게 하라. 신비로운 이 우주의 기적이 낳은 당신은 무엇이든 꿈꿀 수 있고, 무엇이든 될 가능성의 존재라는 것을 부디 잊지 말기 바란다.

05

생각의 습관은 바꿀 수 있다

하나의 새로운 습관이 우리가 전혀 알지 못하는
우리 내부의 낯선 것을 일깨울 수 있다.

– 생택쥐페리 –

우리는 평소 굳어진 습관대로 말하고 행동하며 살아간다. 놀라우리만치 무의식적으로 생활하는 것이다. 사실 사람들 대부분은 자신에게 어떤 습관들이 있는지조차 모르고 살아간다. 그러니 자신의 인생이 자기의 바람과는 전혀 상관없는 방향으로 흘러가는 것은, 어쩌면 지극히 당연하다.

보통 습관이라 하면 나는 아침 기상 시간을 떠올린다. 한때 아침형 인간이 성공한다는 각종 도서와 강연들이 붐을 일으키던 당시 기억 때문이다. 워낙 야행성이던 나도 한번 해보겠다고 덤볐다. 그 후 일주일인가를 수면 부족으로 일에 지장을 초래할 정도로 고생했던 생각이 난다. 나는 원래 생활습관으로 곧바로 되돌아왔다.

이처럼 새벽 5시에 일어난다거나 일주일에 3번은 빼먹지 않고 운동한다거나 하는 좋은 습관들이 있다. 반대로 매일 술·담배를 하거나 탄산음료를 입에 달고 산다거나 하는 안 좋은 습관도 있다. 그럼 이런 습관들은 내 몸에 어떻게 들었을까? 생각해보면 대부분은 '나도 모르게'란 답을 할 수밖에 없게 된다. 내가 하는 행동들이 무의식적으로 내 몸에 익숙해져버린 것이다. 어느 순간부터 나의 뇌 속에 고정된 습관의 프로그램이 만들어졌다는 얘기다.

우리는 모두 습관의 중요성을 인정한다. 그래서 유익한 습관은 새롭게 들이고 나쁜 습관은 어떻게든 고쳐보고자 노력한다. 새해가 되면 거창하게 습관 바꾸기 프로젝트를 해본 기억들이 누구나 있을 것이다. 하지만 현실은 늘 작심삼일로 결론이 나곤 한다. 그러다 보니 작심삼일을 계속 반복하고 또 반복하면 좋지 않겠냐고 말하는 사람도 있다. 최소한 그 일을 계속 붙들고 있을 수는 있으니 말이다. 일견 그 방법도 나쁘지 않다는 생각이 드는 걸 보면 습관 바꾼다는 것이 쉽지 않은 일임은 분명하다.

인간의 생각에는 의식적인 생각과 무의식의 생각이 있다. 의식은 그야말로 거대한 빙산의 일각일 뿐이다. 반면, 무의식은 수면 아래에 90% 이상의 엄청난 몸을 숨기고 있다. 우리의 생각이 어디서부터 비롯되는지는 불을 보듯 명확해진다. 깨닫지 못하는 사이에 우리의 무의식이 내 생각과 행동을 조정하는 것이다.

여기서 중요한 것은 자기 자신의 무의식은 무엇으로 채워져 있는가이다. 가장 크게 나눠볼 수 있는 것은, 과연 긍정적인 생각이 주를 이루는지, 아니면 부정적인 생각이 더 많은지가 핵심이다. 바로 그 차이가 우리 인생의 차이를 만들어낸다. 그렇다면 당신의 무의식은 어떤 생각으로 채워져 있는가?

이쯤 되면 '내 무의식의 뇌를 긍정적으로 바꿔야겠네.' 하는 생각이 들 것이다. 자기 자신의 평소 생각은 긍정적인가 부정적인가를 돌아보라. 부정적이란 결론이 나온다면 당장 바꿔야 한다. 그렇다면 어떻게 바꿀 것인가? 생각, 상상이 그 열쇠다. 나의 행동 습관을 바꾸려면 우선 내 머릿속 생각하는 습관이 먼저 바뀌어야 한다. 무의식적으로 만들어진 뇌 속 프로그램을 의식적인 상상을 통해 바꾸어나가는 것이다.

긍정적인 암시를 활용하는 것이 아주 좋은 방법이다. 상상을 통한 자기 암시는 인생을 살아가는 데 매우 성능 좋은 무기가 될 것이다. 자기 자신을 긍정적으로 바라보면 자신감을 가지게 된다. 생각이 긍정적으로 변하면 행동은 자연히 그에 맞춰 이루어진다. 따라서 자신의 능력을 최대치까지 끌어냄으로써 원하는 삶을 손쉽게 이루게 되는 것이다.

"나는 말의 힘을 믿는다. 그리고 그 말에 힘을 부여하기 위해 글로 써놓고 매일 보고 또 보고, 중얼거리고, 생각한다. 내게 정말 간절한 목표들이 생기면 나는 매일 100번씩, 100일 동안 상상하고, 쓰고, 외친다. 나는 늘 그렇게 해서 내가 가진 모든 것을 다 이루어왔다."

— 김승호, 『생각의 비밀』 중에서

김승호 회장의 이야기는 우리에게 생각의 습관이 얼마나 중요한지를 깨우쳐준다. 상상을 통한 자기 암시의 효과가 어디까지인지 확실히 보여준다. 그는 말의 힘을 굳게 믿고 오감을 이용해서 의식적인 상상을 하기 시작했다. 그리고 하루 100번, 100일을 꾸준히 반복함으로써 자신의 사고 습관을 바꿔나갔다.

당신의 경우는 어떠한가? 무언가 이루고 싶은 게 있으면 무엇부터 시작하는가? 일찍 일어나는 새가 벌레를 잡는다고 했으니 당장 잠부터 줄일 계획을 세우는 건 아닌가? 나쁘진 않다. 그러나 계획한 대로 해낼 수 있는지가 관건이다. 앞에서 말했듯이 행동 습관은 사고 습관의 변화가 전제돼야 바뀔 수 있다는 것을 간과하지는 않았는가?

'내일부터'라는 말을 우리는 자주 하고 산다. 하지만 막상 내일이 되면 또 이런저런 핑계를 대며 차일피일 미루게 된다. 그러다 결국 생각만으로 끝내버리는 일이 다반사다. 바로 생각의 습관을 바꾸지 않은 까닭인 것이다. 생각이 너무 많아 이러지도 저러지도 못하는 사람들의 고민도 마찬가지다. 자기 자신의 의식 변화가 없는 상태에서는 모든 게 암흑 속 세상일 수밖에는 없다. 자신감 결여와 자기 확신의 심각한 부족 현상인 것이다.

생각의 습관을 바꾸고 성공한 사람들은 당신과 크게 다르지 않다. 단지 다른 게 있다면 습관을 바꾸기 위해 그들은 매일 반복하는 수고를 아끼지 않았다는 점이다. 우리의 뇌는 끊임없이 옛날 습관으로 되돌려놓기 위해 호시탐탐 노리고 있다. 따라서 습관을 바꾸는 첫 번째 원칙은 시간이 아니라 얼마나 꾸준히 반복하는가 하는 횟수에 달려 있음을 잊지 마라.

습관은 반복되어 몇 달 몇 년이 지나면 온전히 당신 자체가 된다. 의식적으로 사고 습관을 바꿈으로써 그에 합당한 행동 습관이 만들어지는 것이다. 그리고 마침내 엄청난 결과물들이 당신 앞에 하나, 둘 모습을 나타내기 시작한다. 무엇을 상상하고 믿느냐에 따라 우리가 무엇이 될지가 결정되는 것이다.

우리가 가장 좋아하는 돈에 관해서도 똑같은 원리가 작동한다. 열심히 일하는데도 난 항상 돈이 부족하다는 생각을 하고 있지는 않은가? 돈이 모이지 않는 건 당신이 노력하지 않아서가 아니다. 당신의 무의식 속 잘못된 믿음 때문이다. 이 잘못된 믿음은 당신이 아무리 노력해도 돈을 모으게 두지 않는다. 당신 스스로가 늘 돈이 부족하다고 믿고 있으니 어쩌겠는가? 그대로 해줄밖에. 우주의 원리는 당신이 생각하고 믿는 그대로 받게 되는 확실한 법칙대로 돌아간다는 사실을 기억하라.

요술램프를 문지르기만 하면 되는데 당신은 아직 그 방법을 모른다. 이제 지니를 불러내는 연습을 하도록 하자. 끊임없는 자기 암시로 당신이 하는 생각의 습관을 바꿔라. 그에 따른 행동 습관은 당신이 앞으로 돈을 모으고 불려나가는데 큰일을 하게 될 것이다. 모든 것이 마음먹기 나름이라는 말의 의미를 다시 새겨볼 일이다.

어릴 적부터 '하면 된다.'라는 말을 참 많이도 들으면서 자랐다. 1970~80년대 당시 새마을 운동과 국가적인 경제개발 5개년 계획의 좌우명이 아니었을까 싶다. 그러다 보니 거리 곳곳 어딜 가나 눈에 띄고 귀에 들려오던 표어의 문구였다. 물론 어려운 형편의 생활을 이어가던 우리 집 분위기이기도 했다.

불쑥 지금 그때가 떠오른 이유를 곰곰이 생각해보았다. 하면 된다는 말에는 의식의 변화가 일어나고, 생각의 습관을 바꿀 수 있는 에너지가 느껴졌기 때문이다. 그러고 보면 나 또한, 당시 그 말이 무의식에 각인됐었던지 곧잘 허풍 아닌 허풍을 온 가족들에게 떨어대곤 했다.

"엄마, 아버지~ 준비하고 계세요. 학력고사 끝나자마자 방송국에서 몰려올 테니까." 해마다 전교 1등을 한 수험생과 인터뷰하는 장면이 대대적으로 TV에 나올 때였다. 막내딸의 호기로운 말에 부모님은 늘 웃으며 맞장구를 쳐주셨다.

물론 그해 전교 1등은 내가 아니었다. 오히려 아버지는 고3 담임 선생님의 진지한 상담 요청에 학교로 가셨다. 그리곤 애가 필시 시험시간에 존 게 분명하니 바로 재수를 시켜야 한다는 말을 들어야 했다. 그 뒤로도 난 곧잘 여러 개의 공수표를 가족들에게 참 많이도 날리면서 살았다.

하면 된다는 에너지 넘치는 말을 입에 달고 산 나는 왜 그 말대로 못 이뤘을까? 그건 바로 달랑 말 하나뿐이었기 때문이다. 더군다나 말의 힘을 강력하게 믿은 것도 아니었다. 생각의 습관을 바꿀 수 있는 소중한 키워드, 말을 가지고도 방법을 전혀 모르고 있던 것이다.

원하는 것을 가질 거라고 자신 있게 말하라. 종이에 마음을 담아 써서 붙여놓고 수시로 보고 또 보면서 당당하게 끊임없이 말하라. 생생하게 다 이뤘다고 상상하고, 이미 가졌음에 깊이 감사함을 느껴라, 이 과정을 수없이 반복해서 뇌 속의 프로그램을 완전히 바꿔라. 이것이 생각하는 습관을 바꾸는 법칙이다.

06

부정에서 벗어나면 삶이 즐거워진다

모든 시대를 통틀어 가장 위대한 발견은
단지 태도를 바꿈으로써 미래를 바꿀 수 있다는 사실이다.

– 오프라 윈프리 –

내 나이 40대 후반, 공인중개사 사무소에서 근무할 때의 일이다. 요즘 같은 시대에는 부동산 거래가 사무실 한곳에서 다 이루어질 수가 없다. 혼자서만 할 수 있는 일이 아니라는 얘기다. 그러다 보니 주위의 다른 사장님들과 하루에도 수십 번씩 연락을 주고받게 된다. 그중에 한 분, 다른 부동산 여사장님의 이야기다.

하루는 전세 계약 건으로 그분 사무실을 찾았다. 나보다 서너 살 위였던 여사장님은 한동안 자기가 사무실을 비우게 될 거라는 얘기를 꺼냈다. 이유를 들어보니 본인이 자궁암에 걸렸다는 검사 결과를 받았는데 이제 수술 날짜가 잡혔다는 것이었다. 놀랍게도 너무나 차분한 어조로 말을 이어가는 그분은 전혀 마음의 동요가 없어 보였다.

그러면서 하는 말이 내게는 충격으로 다가왔다. "얼마나 다행이야. 수술비는 보험 들어놓은 게 있어서 그걸로 충분히 돼." 암에 걸렸는데 다행이란다. "그리고 더 감사한 건 수술비를 다 충당하고도 몇 천을 더 받는다는 거야." 난 뭐라고 대꾸도 못 하고 멍하니 쳐다만 볼 뿐이었다. 마침 자기 집에 그만큼 돈이 필요한 일이 생겼다고 했다. 그런데 하나님이 이런 방법으로 딱 맞춰 도와주시는 거라는 말에 나는 그저 할 말을 잃었다.

분명 그 여사장님도 암에 걸렸다는 진단을 받고 처음에는 많이 힘들어했을 것이다. 그건 사람이라면 당연한 거 아닌가? 그러나 그분은 밝은 모습으로 나와 손님들을 대하고 있었다. 그보다 더할 수 없을 정도의 평온함과 감사의 마음을 지닌 채. 무엇이 그분의 마음에 안정을 주었던 것일까? 종교의 힘이었을까? 그럴 수 있다. 하지만 많은 종교를 가진 사람들의 행동이 그와 같지 않음을 우리는 잘 알고 있다.

암을 이길 수 있다는 자신감의 발로였을지도 모른다. 현대 의학의 힘은 웬만한 병은 다 고쳐내지 않는가? 평소 명상이나 마음공부를 하며 심신을 다스리고 있던 분일 수도 있다. 대체 어떤 특별함이 그분에게는 있었던 걸까? 분명 그분은 평소에 웃음도 많고 이웃들에게 늘 친절하게 대하는 사람이었다. 누구 말처럼 암도 친구 같았을까? 난 당시에는 전혀 그 이유를 깨닫지 못했다.

암에 걸렸다는 사실만큼 심각한 자기 부정 상태에 빠지는 일은 어지간해서 잘 없다. 왜 하필 나여야 하는지로 시작되는 온갖 부정적 감정들이 자리 잡는 게 인지상정이다. 하지만 그런 부정의 상태에서는 아무것도 나아질 게 없다는 사실이 중요하다. 부정적인 감정은 삶의 에너지를 빼앗아간다. 좌절과 우울증 상태로 빠지게 만드는 것이다. 부정에서 벗어나면 훨씬 더 편안하고 자유로운 삶이 가능하리란 것도 안다. 그러나 생각만큼 부정에서 벗어나기란 결코 쉬운 일은 아니다.

왜일까? 사람은 자기 앞에 어떤 일이 벌어졌을 때 누구나 주관적인 시선으로 바라보게 된다. 내게 일어난 일을 객관적으로 보는 훈련이 되어 있지 않기 때문이다. 그래서 나의 일도 나 자신이 아닌 제삼자가 바라보고 있다는 생각의 전환이 필요하다. 내가 아닌 타인의 문제가 되는 순간 우리는 저절로 문제를 객관적으로 볼 수 있게 된다. 그렇게 되면 무작정 빠져들었던 부정적 감정에서도 비교적 간단히 헤어나올 수가 있다. 내 안에서 시시각각 변하는 감정을 놓치지 말고 차분히 바라보고 인정해주자.

아는 게 병이라는 말이 있다. 현대사회의 우리는 범람하는 지식의 홍수 속에서 살아가고 있다. 과부하가 걸려 오동작을 반복하다 멈추기 직전의 로봇처럼 혼란스럽다. 차라리 자신에게 꼭 필요한 만큼의 지식만 갖고 있다면 어떨까? 도가 지나칠 정도의 부정적인 시각에서 조금은 벗어날 수 있지 않을까?

우리는 삶에서 사랑, 돈, 건강을 모두 갖기를 희망한다. 그러나 살아가는 동안 그 각각의 소망에서 때로는 좌절을 맛보고 절망하는 순간이 오기도 한다. 그런 안 좋은 경험이 쌓이다 보면 어느 순간 사람들은 그것들에 대한 부정적인 감정을 갖게 된다. 결국, 그 소망들은 평생 이룰 수 없는 꿈으로만 치부해버리고 마는 것이다.

지금 당신의 마음을 힘들게 하는 건 무엇인가? 어린 시절 외로움에 떨던 기억에 머무르고 있는가? 학창 시절에 겪었던 불쾌한 일로 아직도 고통 받고 있는가? 하지만 주위를 둘러보라. 그것들은 모두 형체가 없다. 단지 당신이 놔주지 않는 허상의 그림자일 뿐이다. 부정의 늪에 빠져 허우적거리는 당신의 모습을 직시하라. 신은 우리가 헤쳐나갈 수 있을 만큼의 시련을 준다고 했다. 혼란스러운 마음을 다독여라. 양어깨 가득 짊어지고 있는 망상의 보따리를 그만 내려놓아라. 그리고 가볍게 살아가는 즐거움을 만끽하라.

우리는 세상에 태어나면서부터 끊임없이 경쟁하는 시대에 살고 있다. 게다가 요즘은 도무지 나아질 것 같지 않은 경제 문제가 발목을 잡는다. 쉴 새 없이 터지는 대립과 갈등의 분위기 속에서 하루하루 전쟁과 같은 일상의 연속이다. 자연히 세상을 보는 시각이 부정적일 수밖에 없음을 인정한다.

하지만 이토록 어려운 삶일지라도 우리가 그것에 어떻게 반응할 것인가는 선택의 문제이다. 마음속의 소란을 다 잠재우자. 그리고 긍정적으로 생각하겠다고 단호하게 결정하자. 아무리 힘들어도 나의 내면에서 긍정의 목소리가 들려오게끔 하라. 무엇이든 가능하고 내가 원하는 것은 다 이룰 수 있다고 확신하라. 어떤 상황에 놓여 있든 감사할 수 있는 단한 가지를 찾아라. 피할 수 없으면 즐겨야 한다.

이 세상에 태어난 건 축복이다. 다만 우리만 그것을 느끼지 못하는 것이다. 당신은 마음만 먹으면 원하는 모든 것을 이룰 수 있는 존재이다. 스스로 능력이 무한대임을 받아들여야 한다. 부정에서 벗어나면 뭐든 다 가능한 상태가 되는 것이다, 하면 된다는 것을 믿고 자신 있게 선언하자. 지금 당신이 어떤 상황에 놓였는지는 중요하지 않다. 고개를 들어 긍정의 눈으로 세상을 둘러보라. 이 세상이 얼마나 아름다운지 발견하게 될 것이다. 당신이 얼마나 소중한 존재인지 깨달아라.

고통이 오면 피하지 말고 바라보라. 어차피 그 순간은 지나가게 되어 있다. 당신 스스로 그곳에 갇히지 않을 거란 확신을 굳게 가져라. 온갖 부정적인 감정이 올라오면 있는 그대로 바라봐주어라. 그리고 나는 언제나 긍정을 선택하겠노라 당당하게 밝혀야 한다. 일말의 부정에서도 머물러 있지 말고 벗어나라.

부정적이란 자신감이 없다는 것이다. 늘 무기력하고 주눅 들어 있는 모양새다. 게다가 부정적인 사람은 우유부단하다. 부정은 패배를 맞이한다. 그리고 언제나 나쁜 운을 끌어당긴다. 누구도 당신 삶을 바꿔줄 수 없다. 자, 어떤가? 당신은 여전히 부정적인 에너지 속에서 자기 삶의 주인이 아닌 타인으로 살아갈 텐가?

위 사례의 부동산 여사장님처럼 극한 상황 가운데서도 긍정을 선택하라. 피할 수 없는 일에 나의 좋은 에너지를 빼앗기지 마라. 감사할 무언가를 찾아내어 말하라. 당신의 생각이 당신의 삶을 변화시킨다. 당신이 부정에서 벗어나는 선택을 하는 순간 삶의 기쁨과 즐거움이 몰려들 것이다.

한겨울에 들어서며 날씨가 급격히 추워졌다. 그렇다 보니 평소보다 좀 늦은 시간에 아파트에 들어서면 지하주차장은 이미 빈자리를 찾아볼 수가 없다. 원래 주차 자리는 물론이고 그 앞을 가로막고 서 있는 일렬주차까지 다 끝난 상태다. 이 날씨에 차를 한 데다 세워놨다가는 꽁꽁 얼어 출근 전에 고생할 게 불을 보듯 뻔하기 때문이다.

오늘도 나는 마음을 다잡고 지하 1층으로 들어섰다. 하지만 역시다. 퇴근하고 도서관에 들렀다 오면 항상 늦을 수밖에 없으니 짐작대로였다. '아니 뭔 차들이 이렇게 많은 거야?' 혼자 중얼거리며 어떻게든 주차할 만한 공간을 찾아 빙글빙글 돌아본다. 비좁은 자리에 세워보려고 비비적대니 기둥 모서리에 차가 닿아 불가능하다.

순간 깨달음의 웃음이 피식 나왔다. 그리고 용감하게 지하 2층으로 내려갔다. 뭔 천릿길도 아닌 것을, 그렇게 지하 1층에만 미련을 못 버리는 건지 갑자기 우스워졌다. 그곳엔 내 자동차를 안전하고 편안하게 주차할 수 있는 빈자리가 아직 남아 있었다. "붕붕아~ 앞으로는 더 따뜻하게 지하 2층에 맨날 세워줄게."

딱 3분만 더 투자하면 되는 일이다. 그런데도 우리는 평소 어떻게든 가까운 곳에 주차하고 싶어 한다. 회사를 가든 다른 상가건물에 가든 늘 마찬가지다. 나도 그랬다. 오늘도 지하 1층엔 차가 지나다닐 공간만 겨우 남겨진 상태로 빽빽하게 일렬주차까지 다 되어 있었다. 수월하게 지하 2

층에 주차하고 나오면서 생각한다. '3분 더 걸으니 건강에 좋지. 아침에도 3분만 빨리 나오면 되네. 우리 붕붕이는 더 따뜻하게 쉴 수 있어서 좋고, 다 좋네.' 이렇게 부정에서 벗어나니 삶이 즐거워진다. 아~ 기분 좋아. 감사합니다!

긍정의 힘을 키우세요

나는 하루 중 98%는 내가 하는 일에 긍정적이다.
그리고 나머지 2%는 어떻게 하면 매사에 긍정적으로 될 수 있을까를 궁리한다.

- 릭 피티노 -

긍정이란 무엇일까? 사전에는 '그러하다고 생각하여 옳다고 인정함. 바람직한 것'이라 적혀 있다. 그리고 '그렇지 아니하다고 단정하거나 옳지 아니하다고 반대함'은 부정의 뜻이다. 한마디로 무슨 일을 옳다고 인정하느냐, 아니면, 옳지 않다고 거부하느냐가 긍정·부정의 차이인 것이다. 관건은 자기 자신이 어느 쪽으로 선택하느냐의 문제이다.

우리가 어떤 상황에 놓였을 때 무조건 그것이 옳다고 받아들이기는 쉽지 않다. 나를 구렁텅이에 빠뜨린 나쁜 일을 옳다고 인정할 수는 없지 않은가? 마음에선 전혀 그렇게 생각이 들지 않는데 강제로 인정하기란 쉽지 않은 일이다. 절망에 빠진 시한부 판정을 받은 환자의 입장이라면 더더욱 말이 안 되는 얘기다.

그러나 우리는 가끔 매스컴을 통해 놀라운 소식을 접한다. 살날이 얼마 안 남았다는 최종 선고를 받은 환자들이 깨끗이 나아 멀쩡히 잘 지낸다는 뉴스 말이다. 믿기지 않지만 그런 일들은 가끔 우리 주변에서 일어나고 있는 게 사실이다. 과연 그 현상은 어떤 식으로 설명이 가능한 것일까? '이제 나는 죽는구나.' 하고 포기한 사람이라면 그런 기적이 일어났을까? 그렇지 않다. 이미 일어난 상황을 빨리 인정하고 그런데도 살 수 있을 거라 믿은 사람만의 특권이다. 그런 긍정의 마음이 바로, 의학도 고치지 못하는 불치병을 이겨낼 수 있도록 만드는 것이다.

일부 사람들의 삶에는 늘 부정의 기운이 만연하고 있다. 언제나 옳지 않은 일투성이다. 맞닥뜨리는 일마다 모두 불만족스럽기만 하다. 뜻대로 안 풀리는 내 인생은 너무 불행하다는 생각이 온몸을 감싸고 매일을 그 부정적인 감정에 빠져서 산다. 그럴수록 그들은 점점 부정의 늪에 더 깊이 빠져들 뿐이다.

그렇게 부정적인 생각으로 똘똘 뭉쳐진 사람들은 주위의 사람들에게까지 영향을 미친다. 자기 자신만 망가지는 게 아니다. 만약 우울하고 비관적인 사람들만 모여 있는 방에 내가 들어간다고 한번 생각해보라. 들어가는 순간 이내 웃음기는 사라지고 뭔지 모를 무거운 기운에 같이 빠져들 것이다. 상상만으로도 끔찍하지 않은가?

반면 항상 자신은 행복하다고 생각하며 살아가는 사람이 있다. 작은 일에 기뻐하고 감사하는 그런 긍정적인 마음을 가진 사람과 함께 있으면 당신은 어떤 기분이 들까? 자기도 모르게 별일 아닌 일에 같이 웃게 되고 덩달아 기분이 좋아지며 행복함을 느끼게 된다. 에너지의 전이 현상이 일어나는 것이다.

어린아이는 하루에 평균 4~500번을 웃는데, 세월이 지나 중년의 나이가 되면 하루에 웃는 횟수가 15번 정도로 확 줄어든다고 한다. 아니 어쩌면 하루에 한 번도 안 웃고 지내는 사람도 많이 있을 것이다. 그만큼 나이 든 사람들은 웃을 일이 없이 생활하고 있다는 얘기이다. 무엇이 그들에게 웃음을 잃고 살아가게 만드는 것일까?

매일 똑같은 하루가 반복되는 게 우리의 일상이다. 새벽녘, 연신 울어대는 알람 소리에 무거운 눈꺼풀을 겨우 들어 올린다. 찌뿌둥한 몸을 일으켜 다람쥐 쳇바퀴 도는 생활 속으로 다시 들어간다. 고민과 걱정은 무에 그리 많은지, 내가 사는 건지, 세상에 끌려 다니며 억지로 살아가는 건지도 헷갈리며 그렇게 세월을 보내고 있다.

"우리가 하는 모든 걱정 중에서 절대로 발생하지 않을 사건에 대한 걱정이 40%, 이미 일어난 사건에 대한 걱정이 30%, 신경 쓸 일이 아닌 아주 작은 사건으로 22%, 우리가 바꿀 수 없는 사건에 대한 걱정이 4%, 그리고 우리가 바꿀 수 있는 사건에 대한 걱정이 4%이다."

— 노먼 빈센트 필, 『쓸데없는 걱정』 중에서

그야말로 쓸데없는 걱정으로 우리는 하루를 보낸다. 그런 식으로 생활하며 우리 인생 전체를 허비하고 만다. 고작 4%의 걱정만이 유효한, 96%가 가짜인 삶을 구태여 만들어가며 살고 있다는 것이다. 하지만 내 맘대로 되지 않는 게 인생이라고 말하고 싶을 것이다. 그러나 당신이 틀렸다. 당신이 삶을 대하는 태도가 어떠한지 먼저 생각해보라.

당신은 매사 쓸데없는 걱정이 많아 부정적인 생각에 휩싸여 사는 사람인가? 아니면 언제나 긍정적인 사람인가? 자기 자신의 상태를 정확하게 파악하는 것이 제일 중요하다. 만약 당신이 부정적인 경향이 강한 사람이라는 것을 안다면 그것으로 충분하다. 이제부터 부정의 사고에서 조금씩 벗어나겠다는 의지를 내면 되는 것이다. 시작이 반이라 했다. 앞으로의 당신은 선택의 순간이 오면 주저 없이 긍정의 편에 서게 될 것이다.

부정적인 당신의 사고에 정면으로 맞서려고 하지 마라. 오히려 역효과를 낼지도 모를 일이다. 일단 당신이 느끼는 부정적인 감정을 알아차리고 받아들여라. 그리고 머물러 있는 채로 바라봐주면 된다. 또한, 그런 감정이 충분히 생길 만했다고 인정해주자. 그런 후에 붙잡으려 들지 말고 흘러가는 대로 놓아주라.

우리는 항상 긍정적인 사고 방법을 배우고 훈련하는 것에 집중하며 생활해야 한다. 자기 암시를 통해 자기 안의 긍정을 키워라. 꾸준히 반복함으로써 뇌 속에 긍정 회로를 만들어라. 그러면 당신은 스스로 긍정의 힘이 점차 커지는 것을 느끼게 될 것이다. 그 힘은 당신의 삶에 좋은 습관으로 자리 잡게 된다.

그렇다면 긍정의 힘은 우리를 어떻게 변화시키는가? 생각지도 못한 기발한 아이디어가 툭 튀어나올 수도 있다. 평소 할 수 없다고 믿었던 일들을 해내고 있는 자신을 보며 놀라게 된다. 웬만한 실패는 약으로 받아들이는 배짱이 생긴다. 주위에 자신과 같이 밝은 에너지를 가진 사람들이 저절로 끌려오게 된다.

긍정으로 인한 행복감은 우리에게 성공을 위한 도약판이 되어준다. 또한, 행복의 감정은 좋은 인성의 바탕이다. 긍정은 우리의 면역 체계까지 튼튼하게 만들어준다. 우울증약과 심리 치료 대신 탁월한 치료제 역할을 하는 긍정은 우울과 화를 막아준다. 그리하여 당신은 더없이 즐겁고 행복한 기분을 만끽하며 지낼 것이다.

아악~ 찢어질 듯한 비명. 쿵! 쿵! 쿵! 벽 치는 소리가 굳게 걸어 잠근 문 안쪽에서 가슴 저리게 들려온다. 작은 오빠가 고통에 몸부림치는 소리다. 어느 날 갑자기 오빠에게 생각지도 못한 불행이 닥쳐왔다. 이제 막 30세가 갓 넘은 건장한 남자에게 녹내장이라는 끔찍한 병이 찾아온 것이었다. 사실 처음에는 포도막염이라는 진단을 받았었다. 그러다가 순식간에 백내장을 거쳐 녹내장이라니.

표현할 길 없는 고통이라고 했다. 두 눈이 뽑혀나갈 듯한 통증이라면 도대체 그걸 어떻게 참고 견딘단 말인가? 식구들의 걱정을 염려하여 방문까지 걸어 잠그고 혼자 버텨내는 중이었다. 하지만 저절로 터져나오는 비명을 본인이 어쩌겠는가? 1년을 매일같이 쫓아다닌 연세의료원에서도 더는 어쩔 도리가 없다고 손을 놓은 상태였다.

치료 방법도 없다고 했다. 워낙 희귀한 불치병인 베네치트 병이라는 생소한 병명만이 덩그러니 남았다. 양쪽 눈은 모두 실명의 순서를 밟아나갈 수밖에 없었다. 통증으로 더는 견디기 힘들어 결국 안구적체수술까지 해야 했다. 시신경이 다 죽어버린 상태라 언젠가를 꿈꾸는 안구 이식의 희망마저 깡그리 사라져버렸다.

섬세하고 자상한 오빠였다. 해마다 크리스마스카드를 직접 그리고 만들어서 동생들에게 나눠주던 솜씨 좋은 오빠였다. 군대에 가서도 부모님과 가족들 생각에 꾸준히 편지를 보내오던 오빠였다. 제대 후 입학한 대학 생활 때는 학생회장을 하며 더할 수 없이 건강하고 활동적인 오빠였다.

일찍 인연을 만나 결혼을 하게 되고, 이제 막 둘째가 태어난 즈음이었다. 첫아들은 얼굴이 기억나는데 눈이 좋아지면 둘째 아들 얼굴이 제일로 보고 싶다고 웃던 오빠였다. 그런 오빠가 갑자기 하루아침에 인생행로가 바뀌어 버렸다. 서른이 넘어 생전 처음 점자를 배우기 위해 맹학교에 입학했다.

나 또한 결혼생활로 오빠가 어찌 사는지 관심 둘 여지가 줄어들고 있었다. 그러는 사이 오빠는 맹학교를 졸업하고 시각장애인으로 다시 사회에 뛰어들었다. 그리고 몇 년 후, 오빠는 경기도시각장애인연합회에서 지부장을 역임하고 있다는 소식이 들려왔다. 시각장애인들을 위해 동분서주, 경기도에 복지관을 건립하기 위해 뛰어다니고 있었다. 그리고 드디어 의정부시 경기도북부청사 옆 건물에 경기도시각장애인복지관을 세우고 초대 관장을 지냈다.

당신은 어떤 사람이 되고 싶은가? 이미 벌어진 일에 신세 한탄만 하며 살고 싶은가? 이건 옳지 않다고 부정하며 인생을 포기하고 말 것인가? 자기 자신이 얼마나 귀한 존재인지, 자신의 소명이 무엇인지 끝내 모른 채 그렇게 가고 싶은가? 당신의 태도에 따라 당신의 인생은 달라진다. 긍정의 힘은 불가능한 일을 가능하게 만들어준다. 지금까지 이룰 수 없다고 믿었던 소망들을 현실에 구현할 수 있게 해준다.

하룻밤 새, 2.0의 시력을 자랑하던 두 눈을 다 잃고 비탄의 자락에 빠졌던 우리 작은오빠도 해낸 일이다. 오늘부터라도 당장 원래부터 내 안에 들어 있던 긍정의 힘을 발견하라. 그리고 그 힘을 키워 매 순간 행복을 맞이하라. 그러면 당신은 뭘 해도 잘 풀리는 인생을 누리게 되리라. 지금부터 시작하라. 당신만큼 귀한 존재는 세상에 다시없음을 기억하라. 세상을 언제나 긍정의 웃는 낯으로 마주하면 세상도 당신을 향해 기쁘게 웃어주리라.

2장

감사는 기적을 낳는다

01

평소 말버릇에 나의 미래가 달려 있다

계속해서 '나는 할 수 있다.'라고 스스로에게 말하면,
말은 놀라운 힘을 발휘한다.

- 존 에릭슨 -

"와~ 우리 딸이 최고네. 정말 잘했다, 잘했어." 초등학교 5학년 때인
가, 반에서 22등 한 내 성적표를 받아들고 울 아버지가 연신 감탄하며 하
신 말씀이다. 한 반에 60명이 넘는 학생들이 있던 시절이니까 그런대로
중간 이상의 성적이긴 했다. 난 사실 그때까지만 해도 학교 성적이나 등
수에 대한 개념 조차도 없던 상태였다.

어쨌든 나는 칭찬받은 우쭐한 기분에 젖어 아버지의 도장이 찍힌 성
적표를 들고, 다음 날 학교에 갔다. 그런데 그때 반에서 2등을 한 친구가
아주 어두운 얼굴을 하고 앉아 있었다. 지난번 시험 1등에서 떨어졌다고

부모님께 아주 크게 야단을 맞았다고 했다. "2등이나 했는데 야단을 치셨다고? 아니 왜?"

우리 아버지는 나 22등 한 것도 젤 잘했다고 칭찬을 엄청 해줬는데, 그게 무슨 말인가 싶었다. 난 진심으로 이해가 안 됐다. 그리고 '저 친구 엄마, 아빠는 참 이상한 사람인가 보다. 친구가 불쌍하다.'라는 생각을 마음속으로 하고 있었다.

그 뒤로도 난 고등학교 졸업할 때까지 성적표를 부모님 앞에 내미는데 서슴없었다. 성적이 올랐거나 떨어졌거나 등수에 아무 상관하지 않고 말이다. 추락한 성적표를 들고 들어갔을 때도 당당하기가 이루 말할 수가 없었다. '사람이 그럴 수도 있는 거지 뭐.' 그 한마디로 변명 내지는 상황 설명은 다 끝이었다.

말의 힘은 정말 세다. 우리 부모님의 그런 격한 칭찬의 말은 언제나 변함이 없으셨다. 그리고 그럴 때마다 나는 인정받는 행복감에 도취되어 지냈다. 칠삭둥이로 태어난 딸, 너무 어리숙해서 유치원 보내는 셈 치고 입학시켰다고 하셨다. 너무 못 따라가면 1학년을 두 번 시키자고 합의하시고. 그러니 학교에 잘 다니는 것만으로도 기뻐서 그러셨을 수도 있긴 하다.

너무나 감사한 일이다. 암튼 나의 자존감은 모두가 그때의 부모님이 키워주신 것이었다. 물론 중간에 잃어버렸다가 다시 찾는 과정을 거쳐야 했지만, 그 모든 것이 부모님의 은혜였다. 부모님께 받은 만큼의 반이라도 우리 아이들에게 해줬더라면 하는 마음을 이제 깨닫게 되는 건 슬픈 일이다.

미국의 심리학자 윌 슈츠 박사에 따르면, 우리 인간은 세 가지 욕구가 충족되면 자아존중감이 높아진다고 한다. 첫 번째, 자기중요감은 "고맙다."라는 말을 들었을 때 충족된다. 두 번째, 자기유능감은 "대단해. 성장했네." 같은 말을 들었을 때 충족된다. 마지막 세 번째, 자기호감은 "좋아해. 관심 있어."라는 말을 들었을 때 충족된다.

어떤가? 위의 말들은 평소에 누구나 쉽게 할 수 있는 말이 아니던가? 하지만 우리는 이 간단한 말조차도 스스로에게나, 상대방에게 해주는 것을 어려워한다. 조금만 신경 쓰면 언제 어디서든 할 수 있는 말들인데도 말이다. 우선, 거울 앞에 서서 당신 자신에게 칭찬의 말을 해주어라. 자기 자신을 향한 칭찬은 긍정의 힘을 빠르게 길러주는 방법이다. 칭찬의 말을 들으면 사람은 일단 기분이 좋아진다. 그리고 주변의 모든 일이 긍정적으로 바뀌어가는 현상이 일어난다. 갑자기 건강해지고 있다는 느낌도 받는다.

또한, 자신을 스스로 칭찬할 줄 아는 사람은 다른 사람에게도 칭찬의 말을 많이 한다. 내가 듣고 싶은 말을 망설이지 않고 상대에게 건넬 줄 알게 된다. 그럼으로써 서로에게 긍정의 기운을 불러일으킨다. 말의 힘이 모두를 행복하게 해준다는 것을 아는 사람인 것이다. 우리 부모님이 그리하였듯 자녀들에게 지금부터라도 칭찬의 말을 하도록 하라. 자아존중감이 높아지는, 쉬우면서도 아름다운 말로 감싸 안아주자. 의식주를 해결해주는 것만이 부모의 역할은 아니다. 이젠 자기 자신을 성장시키고 상대방을 인정해주는 칭찬의 말을 먼저 하자.

1970년대 미국 캘리포니아 대학의 리처드 벤들러와 존 그린더가 신경언어프로그래밍(NLP)이라는 것을 개발했다. NLP에 따르면 우리 인간은 살아오면서 학습되고 습관화된 신경, 언어적 패턴에 지배받고 있다고 한다. 스스로가 만들어낸 울타리 안에 자기 자신을 가둔 채 거기에 반응하며 살아가고 있다는 것이다.

이처럼 무의식적으로 작용하는 사고나 행동의 근거를 어떻게 하면 변화시킬 수 있을까? 여기서 우리는 인간의 경험이나 행동은 결국 언어(말)에 의해 유발된다는 것을 이해해야 한다. 그러면 부정적인 행동이나 마음을 변화시킬 방법이 있다는 것에 안도하게 될 것이다. 이제부터 긍정적이고 성공적인 미래를 위해 나아가면 된다.

말에는 에너지가 들어 있다. 이 세상에 에너지 아닌 것이 없으니 우리가 하는 말도 예외는 아니다. 더구나 간절한 마음을 담은 말에는 에너지가 고도로 응축되어 있다. 따라서 평소 말버릇이 우리 삶에 얼마나 큰 영향을 끼치는지는 생각하는 대로다. 당신의 한마디 말에서부터 인생이 바뀌기 시작한다는 점을 기억하라.

평소 들어서 즐겁고 행복이 샘솟는 긍정적인 말을 하는 습관을 들여라. 언제나 긍정적이고 낙천적인 말을 함으로써 당신뿐만 아니라 주위 사람들에게 좋은 에너지를 전달하라. 확신에 찬 긍정적인 말을 소리 내어 끊임없이 말하라. 말이 생각을 바꾸고, 생각이 말을 바꾸는 선순환의 열차에 올라타라. 당신이 간절히 바라는 것들을 상상하면서 자신 있게 말하고, 말하면서 이미 이룬 기분을 상상으로 느껴라.

'나는 안 돼. 이 고난은 나를 집어삼킬 거야. 나는 할 줄 아는 게 없어. 난 여전히 안 되는구나. 이 문제는 절대로 해결할 수 없어. 내게는 재능이라곤 없어. 이제 나는 끝났어. 사람들이 나를 싫어할 거야. 원래 이루어지지 않으니까 꿈인 거야. 이렇게 살다가 가는 거지 뭐.' 이 말들을 읽는 기분이 어떤가?

'이것은 기회야. 잘하고 있어. 문제가 있는 건 당연해. 나는 마음만 먹으면 무엇이든 할 수 있어. 좋아, 해보자. 조금 못하면 어때? 다음엔 분명 잘될 거야. 사람들이 뭐라 하든 상관없어. 다 괜찮아. 가능성은 아직 있어. 내가 진짜 원하는 건 뭘까? 내 꿈은 다 이뤄질 거야.' 반대로 이 말들에는 어떤 마음이 생기는가?

평소 말버릇에 당신들의 미래가 걸려 있다는 대전제에 과연 이의를 달 수 있겠는가? 나는 쓰고 읽으면서 소름이 돋았다. 아~ 나는 과연 어떤 말들을 주로 하면서 살아왔을까? 지금의 나는 매 순간 무슨 말을 하면서 살고 있을까? 그렇다면 당신이 쓰는 말은 어느 쪽인가?

당신이 한 말을 가장 많이 듣는 사람은 바로 당신이다. 당연히 그 말에 담긴 좋은 에너지를 받는 사람도 다름 아닌 당신일 수밖에 없는 이유이다. 성공적인 말을 되풀이함으로써 당신의 뇌가 바뀐다. 그리고 기존의 생각과 행동에 변화가 일어난다. 이미 되어 있음을 자기 자신의 뇌에 각인시키는 작업인 것이다.

긍정적인 말 습관이 당신의 꿈을 이룰 수 있게 만들어준다. 당신을 성공의 자리로 데려다준다. 자기 자신이 가장 듣고 싶고 원하는 말을 하라. 가장 긍정적인 말을 선택하라. 그리하면 당신의 인생도 원하는 방향으로 편안하게 흘러갈 것이다.

중학교 때였을 것이다. 어느 날 갑자기 나 스스로 격려와 칭찬의 말을 하고 싶은 생각이 들었다. 선생님께서 해준 말씀이었는지 어떤 책에서 보았는지는 기억에 없다. 암튼 나는 어떤 방법이 좋을까 궁리하다가 나에게 보내는 편지를 쓰기로 했다. 내가 나에게 쓰는 편지. 진지하게 나는 편지지에 '누구에게'로 시작하는 글을 한 장 이상 써 내려갔다.

약간의 칭찬과 격려의 말이 들어갔을 것이다. 그리고 주 핵심은 기말고사 시험에서 1등 한 걸 정말 축하한다는 내용이었다. 그때까지 한번도 해본 적 없는 등수를 나는 과감히 선택한 것이다. 물론 편지를 쓴 시기는 기말고사 시험 기간이 채 시작되기 전이었다. 난 미래를 앞당겨서 바로 지금 이뤄진 것처럼 감사하고 자신을 스스로 칭찬하는 편지를 쓴 것이었다.

세월이 흐른 이 시점에 다시 생각해도 참 기특한 발상이었다. 과연 어떻게 되었을 것 같은가? 나는 내가 쓴 편지의 내용대로 그때 기말고사 시험에서 진짜 1등을 했다. 누구에게나 똑같이 일어날 수 있는 말의 힘을 나는 그때 제대로 느껴본 것이다.

우리가 하는 말에는 강력한 힘이 있다는 것을 명심하라. 밝고 긍정적인 말은 고민거리를 날려 보내준다. 즐겁고 충실한 매일매일을 보낼 수 있게 도와준다. 그리하여 당신의 인생은 순풍에 돛 단 배처럼 성공과 풍요의 바다에 이르게 될 것이다. 한순간이라도 부정의 말을 쓰지 않겠다고 결심하자. 기억하라, 평소 말버릇에 당신의 미래가 달려 있다.

02

눈 뜨는 순간부터 감사하라

신이 오늘 하루 우리에게 선사한 8만 6,400초의 시간 중
단 1초라도 감사하다는 말을 하는 데 쓴 적이 있는가?

— 윌리엄 워드 —

띠리링. 띠리링. 연신 울리는 알람 소리에 겨우 눈을 뜬다. 지난밤 이
유 없이 뒤척이다가 힘들게 잠이 든 탓인지 평소보다 늦게 잠에서 깼다.
서둘러 일어나서 출근 준비를 해야 하지만 나는 잠시 그대로 호흡을 가
다듬는다. 얼굴 근육이 웃는 얼굴로 완전히 자리 잡을 때까지 서서히 입
꼬리를 올린다.

'감사합니다. 오늘은 내 생애 최고의 날입니다. 나는 매일매일 모든 면
에서 점점 더 좋아집니다. 정말 감사합니다.' 기지개를 크게 켜면서 느릿
느릿 딱 1분이 채 안 걸리는 시간이다. 이제는 꿈속에서도 할 정도로 습

관이 되어버린 나의 아침 기상 미션이다.

우리는 잠에서 깨는 순간, 보통은 찌뿌둥한 몸 상태를 투덜거리며 간신히 몸을 일으켜 세운다. '아이고, 오늘도 이렇게 다시 또 하루가 시작되는구나!'라는 생각을 하며 움직인다. 먹고살려면 어쩔 수 없는 일이라는 마음속 푸념은 오늘도 변함없다. 그리곤 늘 반복되는 일상 속으로 그저 빨려들어가는 것이다.

언제, 어디서나 우리는 불평불만의 말을 하고 또 듣는다. 오죽하면 우리가 전혀 제어할 수 없는 날씨에 대해서도 불평을 말하지 않는가? 추우면 춥다고, 더우면 덥다고, 비가 내리니까, 눈이 와서 등등 끝이 없다. 그런다고 뭐가 조금 바뀌기라도 한다면 이해하겠다. 도대체 어쩌자는 말인가?

하지만 우리는 자기 자신의 그런 태도에 대해서 전혀 문제점을 못 느낀다. 우리가 기분 나빠한다고 해서 저절로 날씨가 좋아질 것인가? 그렇지 않다는 건 누구나 다 아는 얘기다. 또 그럴 거라고 기대하지도 않는다. 그 사람들의 평소 말 습관과 일상을 대하는 태도가 단지 그런 방식으로 굳어진 것이다. 그러나 생각해보라. 너무도 아까운 우리의 일상을 그런 불평불만으로 허비하고 사는 것이 아닌가? 뭔가 변화가 필요함을 인식하자.

어떤 상황이 생겼을 때 우리는 자신도 모르게 좋거나 나쁜 감정에 빠져든다. 그리고 조건반사적인 행동과 말을 하며 그 감정에 순응한다. 하지만 조금만 더 차분히 생각해보라. 감정은 우리가 얼마든지 선택할 수 있는 것이다. 무조건 내 안으로 밀고 들어오는 감정들을 아무 저항 없이 받아들이지 마라. 우선 멈추고 그것이 어떤 감정인지 바라보라. 감정은 실제 벌어진 상황보다 그것을 바라보는 우리의 시각과 태도에 따라서 달라지는 것이다.

어떤 감정이 올라올 때 한 박자만 쉬어보라. 내 감정을 제어하는 순간 우리는 감사를 만나게 된다. 좋은 감정일 때는 마음속에 행복함이 밀려드니 감사하다. 반면 싫은 감정이 올라올 때는 인정하고 바라봐주면 지나갈 것이기 때문에 감사하다. 어떤 상황 속에서라도 감사할 만한 이유를 찾아내라.

운전하고 가는데 갑자기 옆 차가 예고도 없이 확 끼어들었다. 급브레이크를 밟은 내 반사 신경이 나를 살렸다. 상대 운전자에 대한 화가 불같이 올라온다. 그러나 바로 다음 순간, 끔찍한 사고를 면하고 멀쩡히 살아있음에 감사함을 느낀다. 날마다 우리 앞에 펼쳐지는 모든 일상의 순간

순간마다 감사를 선택하겠다고 다짐하라.

감사를 모르는 사람은 없다. 태어나서 엄마, 아빠 다음으로 빨리 배우게 되는 단어가 아마도 '감사'일 것이다. 아주 어릴 적부터 우리는 부모로부터, 학교로부터 감사에 대한 교육을 받고 자라난다. 그때의 감사는 내가 받은 것에 대한 반대급부적인 성격이 강하다. 그러나 진정한 감사는 무언가 받기 전에 내가 먼저 하는 감사이다.

우리가 배워서 하던 감사와 다르기에, 사람들은 감사를 실천하는 것을 어려워한다. 마음먹는다고 평생 견지해온 생활 태도가 하루아침에 쉽게 바뀌지는 않는다. 그래서 감사는 훈련이 필요하다. 자기 안에 습관을 만들어야 한다. 감사가 내 생활 방식으로 자리 잡을 때까지 꾸준히 노력해야 한다.

감사는 정확히 표현할 때 비로소 완성된다. 감사할 일이 있어도 우물쭈물 아기 옹알이하듯 해서는 안 된다. 부모님에게, 자녀에게, 부부간에, 선생님이나 친구에게 우리가 감사해야 할 일이 얼마나 많은지 생각해보라. 가장 가까이에서 우리의 성장을 도와주고 있는 그들이다.

잠깐만 돌아보라. 감사할 상황이 매 순간 흘러넘치고 있는 것을 깨달아라. 우리가 그것을 알아채고 정확하게 말로 표현해주어야 비로소 올바른 감사를 하는 것이다.

내 인생에 급격한 변화의 시기인 40대가 소리 없이 지나가고 있을 무렵, 나는 한 권의 책을 만났다. 놜르 C.넬슨과 지니 르메어 칼라바의 공저 『소망을 이루어주는 감사의 힘』이 그것이었다. 그 당시 나는 무언가 잡고 견딜 만한 지푸라기 하나라도 필요한 때였다. 수많은 책을 접하면서 보낸 시간이었다. 나는 닥치는 대로 책을 읽어나갔다.

책 읽기는 나의 마음을 찾아가는 여정이었다. 꼬리에 꼬리를 물고 이어지는 독서 끝에 나는 그 책을 만나게 된 것이다. 여러 권의 책을 통해서 감사의 힘을 알게 되었다. 그러나 사실 뜬구름 잡는 얘기처럼 느껴졌던 게 사실이다. 실체가 없는 작가의 주장으로밖에는 들리지 않았기 때문이다. 이래서 과학적인 데이터가 필수인가?

하지만 그 책은 정신 치료 전문가와 임상 정신분석의인 두 명의 저자가 직접 다양한 연구를 한 결과이다. 감사 그룹을 만들고 그 회원들과 함께 실험하며 수많은 사례를 발견해냈다. 그리고 그 결과들을 책에 실었다. 그 점이 나를 깊이 빠져들게 했다. '그래, 바로 이거다!' 하는 생각을 비로소 하게 된 것이다. 나의 인생 태도가 바뀌게 된 중요한 시작이었다.

책에서는 감사가 우리에게 주는 효과에 대해서 다음과 같이 기술하고 있다.

1. 감사는 스트레스를 완화해 건강을 증진하고, 면역계를 강화한다.

2. 에너지를 높이고, 치유를 촉진한다.

3. 감사는 가정이나 직업에 대한 만족감과 기쁨을 증가시킨다.

4. 인간관계를 향상하고, 사랑이 넘치도록 만든다.

5. 갈등을 해소하고 협력을 도모하도록 한다.

6. 감사는 자부심과 자신감을 높이고 변화나 위기에 대한 대처 능력을 증진한다.

7. 감사는 풍성함과 성공을 끌어들이는 힘이다.

이 모든 것이 감사를 통해 입증된 효과라는 게 경이로웠다. 우리 인생 전반에 걸쳐 이보다 더 좋은 삶의 방식이란 게 있을 수 있겠는가 싶었다. 이제부터 내 삶을 감사로 물들이리라 다짐을 하게 되었다, 그리고 나는 그 길로 감사 일기를 쓰기 시작했다. 스스로 감사를 선택하고 훈련하기 시작했다. 그리하여 지금은 진심으로 감사하는 마음을 알게 되었고 비로소 마음을 행복으로 가득 채우는 방법을 찾았다.

삶을 살아가다 보면 예전과는 다른 내가 되어야 할 때가 있다. 그것이

본래 자신의 모습으로 돌아가는 걸 수도 있다. 어쨌든 현실은 내가, 내가 아닌 듯 고통의 연속이다. 어떻게 하면 지금의 나와 다른 나로 살 수 있을까?

돌이켜보면 예전의 나는 꽤 긍정적이고 매사에 감사하며 살던 사람이었다. 그러나 시간이 흐르고 세월이 변화하면서 무슨 일들이 벌어졌는가? 수많은 아픔을 거치며 넘어지고 깨어지면서도 반드시 지켜야 할 하나, 감사를 놓치고 만 것이다.

나는 그리하여 선택했다. 수시로 올라오는 부정의 감정들을 차분히 바라본 후 그대로 놓아주기 시작했다. 감정이 사라지는 그 자리에 순수한 감사의 마음이 서서히 들어차고 있었다. 신기한 경험이었다.

안 되는 게 아니었다. 내가 행복에 집중하지 않았을 뿐이라는 걸 조금씩 깨달아갔다. 그 시작이 감사하기임은 말할 것도 없다. 아침에 눈 뜨는 순간부터 나는 감사한다. 편안한 잠자리를 제공해주는 침대부터 시작하자면 끝이 없을 지경이다. 하루가 감사로 가득 차면서 드디어 내 인생이 살아볼 만해진다. 더는 부정적인 과거로 눈이 돌아가지 않는다. 현재에 감사할 것들이 넘쳐나서 즐겁다. 다가올 미래도 감사의 눈으로 바라보면 온통 풍요의 무지개가 피어날 것이다.

감사하기를 선택하고 구체적으로 감사하는 마음을 표현하자. 한 줄, 한 줄, 종이에 그 감사들을 적어나가자. 앞으로 이루고 싶은 모든 것들을 이미 이룬 듯 미리 감사하자. 그러면 당신의 삶은 정말 특별하고 행복하게 변화될 것이다. 지금 우리가 하는 감사가 다가올 아름다운 인생의 밑거름이 되리라.

눈 뜨는 순간부터 그 일을 시작하라. 잠에서 깨는 시간, 내가 누구인지를 미처 확실히 깨닫기 전에 감사를 먼저 말하라. 나의 뇌 속에, 마음속에 감사가 습관이 되게 하라. 자기 자신이 오롯이 감사가 되게 하라. 감사하고 사는 당신의 삶은 180도로 완전히 달라질 것이다.

03

지금 그 자리에서 감사하라

감사하면 할수록 감사가 넘쳐나는 은혜를 받게 되고,
하루하루 살아갈 새 힘이 생긴다.

─ 이해인 수녀 ─

지금 당장 삶이 너무 고달프다. 오늘 하루 살아내기도 힘에 부치는데 감사하라고 하면 욕이 날아올지도 모를 일이다. 그러나 감사는 선택이라고 했다. 선택은 누가 하는가? 당신의 의지가 뜻한 바 있어 선택하게 되는 것이다. 감사가 나를 살리는 유일한 길이라고 아주 강하게 마음먹고 시작하라.

가진 것이 많아야만 감사하는 건 아니다. 어려움 속에서도 감사하기를 다짐하는 것이다. 감사할 만한 상황이 전혀 아닌 것 같아도 마음의 눈을 크게 뜨고 찾아보라. 아주 사소한 것이라고 감사의 대상이 안 되는 건 아니다. 열심히 찾다 보면 내 안 어딘가 한쪽 구석에 숨죽이고 있던 감사의 불씨가 살아날 것이다.

감사를 선택해야 행복을 느낄 수 있다. 생각과 감정에 휘둘려 감사를 놓쳐버릴 때, 늘 내 곁에 있는 행복이 보이지 않게 되는 것이다. 부정적인 생각과 불편한 감정의 때를 과감히 벗겨내라. 그 방법은 오직 하나, 지금 바로 그 자리에서 감사하기를 실천하는 것이다.

큰오빠가 운영하는 요양원에서 사회복지사로 일할 때가 가끔 생각난다. 그곳에 들어와서 생활하시는 어르신들 대부분에게는 기본적으로 치매 증상이 깔려 있다. 더 심하거나 약간 덜하거나의 차이만 있을 뿐이다. 굴곡진 삶의 기억을 웬만해선 다 잊으신 상태인 것이다. 어린아이 때의 순수함으로 돌아갔다고 해야 할까.

보통 어르신들은 병원처럼 각자 방 침상에서 생활하는 게 요양원의 일반적인 모습이다. 물론 식사도 마찬가지일 것이다. 그러나 내가 있던 요양원은 좀 달랐다. 규모가 작아서 가능했을지도 모른다. 그러나 더 합리적인 이유는 가족 같은 분위기를 강력하게 추구하는 원장인 큰오빠의 철학 때문이었다. 방에서 혼자 누워계시는 시간을 줄였다. 가능한 어르신들이 요양보호사 선생님과 사무실 직원들까지 어울려 거실에서 함께 시간을 보낼 수 있도록 유도했다. 하루 세끼 식사시간에는 무조건 식탁으로 모시고 나왔다. 어르신들이 모두 다 같이 둘러앉아 식사하시도록 했다. 그렇게 지내다 보면 각각의 어르신들이 어떻게 살아오셨는지가 대충 짐작되기도 한다.

그중에도 내 뇌리에 가장 인상 깊게 남은 분이 한 분 계신다. 그 어머님은 치매가 아주 심한 상태였다. 아들, 손주만큼은 정확히 기억하시는 게 신기할 정도였다. "와~ 밥이 어쩜 이렇게 맛있어요?" "아니, 어쩜 이렇게 예뻐요. 미스코리아 나가야겠네!" 그 어머님의 하루 일상은 지칠 줄 모르는 감탄과 감사의 연속이었다. 당신 자신뿐만 아니라 요양원 식구들 모두에게 행복 에너지를 전파하시던 분이셨다.

당신은 그분이 어떤 삶을 살아오셨을지 짐작이 되는가? 힘들 게 하나 없는 행복한 인생이셨을까? 가족을 통해 전해 듣기로는 그렇지 않았다. 일본 유학까지 다녀오실 정도로 엘리트 코스를 밟아오셨지만 삶은 평탄치 않았단다. 결혼하고 아들 둘을 낳아 번듯하게 키워놨지만, 남편은 딴살림에 자식까지 있다고 했다. 장성한 자식들은 부모가 돌아가시기도 전부터 재산 싸움에 남남처럼 지내고 있었다.

그 어머님이 요양원 입소 후 거의 한 달간은 밤낮으로 악악 소리를 지르며 지내던 분이셨다. 치매로 모든 걸 다 잊었다고는 하지만 마음속 고통은 그대로 남아 있는 듯했다. 약보다 사랑과 정을 듬뿍 드리는 게 최고의 치료라는 요양원 분위기에 이끌린 덕분이었을까? 그분은 서서히 소리치기를 멈추시더니 당신 스스로 급격한 변화를 가져오셨다.

전혀 같은 사람이 아니었다. 누가 마술이라도 부린 듯 극과 극의 반전을 보이신 그 어머님을 보면서 나는 생각했었다. 세상 풍파에 시달려 지독한 노인네로 전락해버렸을 뿐, 그분의 가슴속에는 여전히 감사로 가득 채워져 있었구나!

사람들은 본래 우리 안에 감사와 행복이 모두 들어 있다는 걸 눈치 채지 못한다. 자꾸만 밖에서 행복을 찾으려고 한다. 감사할 일이 아무리 생각해도 없다고 말한다. 그러면서 내 인생은 이 모양으로 형편없다고 투덜댄다. 사실 감사는 아주 가까이 당신 곁에 있는 모든 것들이 대상이다. 한겨울 쨍한 아침 공기도 신선하게 느껴지니 감사한 마음을 불러일으킨다. 세상에서 가장 소중한 가족들과 너무도 사랑스러운 우리 집 강아지가 곁에 있어 감사하다.

돌아보면 감사한 일이 한두 개가 아니다. 그리고 무엇보다 매일 열심히 살아가는 나 자신의 존재가 감사 대상 1호임을 기억하라. 특별한 고장

없이 자연의 섭리대로 잘 기능해주는 내 몸은 어떤가? 온몸 구석구석까지 다 감사한 것들임은 말할 것도 없다.

이토록 감사는 어쩌면 너무 사소하게도 느껴진다. 그런 게 무슨 감사할 거리냐며 반문할지도 모르겠다. 그런 말을 하는 사람은 그 모든 것들이 당연한 거라고 인식하고 살기 때문이다. 그러나 한 번만 더 생각해보라. 당신이 가지고 있는 것들이 어떻게 전부 당연한 건가? 누군가에게는 평생을 두고 간절히 바라는 소망인 것을.

사소한 말과 행동들이 쌓여서 당신의 마음과 태도가 바뀐다. 그리고 당신의 인생이 바뀐다. 위대한 업적을 남긴 전 세계 위인들의 공통점 또한 고통과 절망의 순간에서조차 감사하는 태도를 지녔다는 점을 상기해보라. 도대체 어느 대목에서 감사해야 할지 모를 만큼 극한의 삶을 산 스티븐 호킹 박사는 어떤가? 천재적인 물리학자인 그는 루게릭병에 걸려 평생 휠체어에 묶여 살면서도 감사하는 마음을 피력했다. 그는 자신이 생각할 수 있고, 꿈이 있으며, 사랑하는 가족과 친구들이 있어 감사하다고 했다.

지금의 삶을 바꿀 수 있는 유일한 방법은 '감사하기'에 있다. 오늘 감사하지 않으면 내일도 감사하지 못한다. 지금 이 자리에서 감사한 마음을 못 내면 내일도 모레도 마찬가지일 것이다. 이 순간부터 당장 감사한 일을 찾아라. 감사하기를 선택했으면 바로 실천으로 옮기는 것만이 최선이다. 그렇다면 마음속으로 계속 감사를 외치면 되는 걸까?

당신을 기분 좋게 만들어주는 모든 상황에 직접 감사를 말로써 표현하라. 그리고 매일 하루를 마무리하는 저녁에 노트를 펼쳐서 기록하라. 아주 작고 단순한 일이면 충분하다. 친구가 새해 안부 문자를 보내온 일이나 강아지의 재롱에 즐거웠다면 그걸 써라. 감사를 구체화하기 위해서는 직접 쓰는 게 무엇보다 필요하다.

생각과 말은 그 순간에 사라지고 남지 않는 경우가 대부분이다. 무조건 써라. 내가 감사하는 것들을 사소한 것까지 다 기록하라. 처음 노트를 펼치면 막막한 게 맞다. 나도 그랬고 당신도 그럴 것이다. 밤새 잘 자고 일어났다면 그것부터 시작해보라. 일찍 일어나서 개운한 아침을 맞이한 것에 감사하자. 출근하는 내내 신호등이 때마다 착착 초록 불로 바뀌어주면 그것 또한 진짜 감사한 일이 아닌가?

당신의 하루를 따라가다 보면 이렇게 감사할 일들이 넘쳐난다. '무슨 그런 하찮은 것들을?'이란 반응을 보인다면 당신은 아직 마음의 준비가 안 된 것이다. 여전히 일상의 모든 것들이 감사의 대상이라는 것을 깨닫지 못하고 있다. 진심으로 감사하기를 선택하는 것부터 다시 시작하라.

감사는 예전에 미처 몰랐던 일상 속의 행복을 느끼게 해준다. 왠지 뿌듯함에 자존감도 쑥 올라간다. 늘 하던 일에서 전혀 생각지 못하던 성취감마저 얻게 된다. 새롭게 동기부여가 되고 해낼 수 있다는 자신감이 생긴다. 그리고 오래 망설이던 일에도 용기를 내서 행동으로 이어지도록 해준다. 무미건조하던 당신의 삶이 가슴 설레는 일상으로 바뀌는 기적이 일어나는 것이다.

버클리대학교에서 연구한 결과에 따르면, 하루에 감사한 일을 딱 세 가지만 써도 긍정적 결과가 만들어진다고 한다. 그리고 오프라 윈프리는 10년 동안 단 하루도 거르지 않고 감사 일기를 썼다고 본인이 쓴 책 『내가 확실히 아는 것들』에서 밝히고 있다. 그녀가 겪은 그 많은 불행의 늪에서 빠져나와 전 세계가 존경하는 여성이 될 수 있었던 분명한 이유가 이제 보이지 않는가?

지금부터라도 매일 하루에 딱 3가지씩 감사 일기를 쓰도록 하자. 감사하기는 생각보다 쉽고 간단한 일이다. 하지만 그 결과는 크고 위대한 것이 된다. 그동안 모르고 살았던 당신 자신이 안타까워질 것이다. 그러나 늦지 않았다. 우리 인생에 늦었을 때란 없다. 감사는 가장 빠르고 강력하게 당신의 남은 인생에 꽃을 피워줄 것이다.

요즘처럼 시종일관 마스크를 벗지 못하는 생활을 한 적이 없었다. 그로 인해 오히려 숨을 자유롭게 쉴 수 있는 것에 감사하는 마음이 들지 않는가? 또 한 번 말하지만, 이 세상에 당연하게 주어지는 것은 없다. 온통 감사할 일이 당신 주변에 가득하다. 감사한 일상들을 찾고 기록하라. 지금 바로 감사하기 위해서는 감사 일기 쓰기가 가장 최고의 방법이다.

하루에 한 줄이라도 좋다. 다만 빼먹지 말고 꾸준히 써라. 어렵지 않게 시작할 수 있으나 당신의 인생까지도 바꿔주는 마법의 습관이 될 것이다. 지금 그 자리에서 감사하라. 감사는 어디 멀리 있는 것이 아니다. 지금 당신이 발 디디고 있는 그곳에서부터 시작하는 것이 감사다. 거창하지 않다. 아주 사소해 보이는 것 하나하나에 온 마음을 다해 감사를 표현하라. 바로 지금이 그때다.

04

내 자식을 키운 힘의 8할은 감사였다

만일 그대가 가진 것으로 감사할 수 없다면
그대가 피한 것으로 감사하시오.

- 린너 -

노벨의학상을 받은 스트레스 연구의 대가, 한스 셀리에가 하버드대학에서 은퇴 고별 강연을 할 때였다. 한 학생이 물었다. "스트레스를 없애는 비결을 딱 한 가지만 이야기해주십시오." 그러자 그는 이 한마디를 남겼다. "감사!" 당시 그 자리에 계셨다는 우리나라 이시형 박사님의 경험담이다.

그렇다면 스트레스란 무엇일까? 모든 괴로운 기억이 정신과 마음을 병적으로 만든다. 그리고 그것이 육체를 무너뜨리고 종국에는 인생마저 무너뜨린다는 이론이다. 지금 우리는 그러한 스트레스의 홍수 속에서 살아가고 있다. 더군다나 작금의 코로나 사태는 전 세계적으로 엄청난 스트레스 현상을 드러내고 있다. 그러므로 우리는 스트레스의 대가가 유일하게 인정한 비결이 바로 '감사'라는 걸 기억할 필요가 있다.

감사의 효능은 과학적으로도 증명된 사실이다. 암을 치료하고 통증을 해소하는 호르몬 '엔도르핀'은 많이 들어봤을 것이다. 그것보다 무려 4000배 효과를 내는 '다이돌핀'이라는 호르몬이 있다. 그 호르몬은 감사하거나 기쁠 때 비로소 분비된다고 한다. 감사만큼 강력한 스트레스 정화제도 없고, 감사만큼 강력한 치유제도 없다는 결론이다. 달리 무슨 선택이 필요하겠는가? 우리가 살면서 필수 불가결한 요소가 바로 감사일 수밖에 없는 것이다. 그래서 나 또한 감사를 선택했다.

하루하루 생활이 스트레스의 연속이었다. 밖에서의 나와 집 안에 들어와서의 나는 정반대의 사람인 것 같았다. 출근해서 일할 때는 밝고 더할 수 없이 행복한 사람의 전형이었다. 하지만 집의 현관문을 열고 들어서는 순간, 나도 모르게 낯빛이 어두워졌다.

딸아이는 고졸 검정고시를 쉽게 통과하고 대학 입시를 준비하고 있었다. 본인이 필요하다고 하는 학원에 등록을 해주고 지켜보는 게 내가 할 수 있는 일의 전부였다. 시에서 운영하는 정신건강센터에서 일주일에 한 번씩 상담도 받고 있을 때였다. 겉으로 보기에는 모든 게 자연스러운 일상이었다.

하지만 그런 어느 날 나는 아이의 손을 보고 아연실색할 수밖에 없었다. 양손의 지문이 다 안 보일 정도로 온통 갈라지고 바싹 말라 있었다. 이게 무슨 일인가 정신이 아뜩해졌다. 그동안 딸아이는 엄마한테조차 말 못 한 채, 하루에도 수십 수백 번씩 손을 닦으며 혼자서 자기 안의 각종 공포와 싸우고 있던 것이다. 대학교가 문제가 아니었다. 그건 지극히 평범하고 정상적인 생활이 유지될 때나 가능한 얘기였다. 그때부터 우리 두 모녀는 밤낮으로 부둥켜안고 우는 날이 많아졌다. 소리 지르고 화해하고 용서하는 기나긴 세월이 시작되고 있었다.

자식은 부모를 닮는다고 했다. 외모뿐만 아니라 삶의 방식까지도 꽤 비슷해져가는 게 아닌가 하는 생각을 부쩍 하게 된다. 우리 부모님은 아무것도 가진 것 없이 맨땅바닥에서 시작하셨다. 내세울 거라고는 자식들에 대한 사랑, 일어설 수 있다는 믿음, 감사 기도가 전부였다. 지금의 나도 그런 우리 엄마를 닮아가고 있다.

고통스러운 삶의 굴곡마다 엄마는 늘 기도를 하셨다. '이렇게 살게 해주셔서 감사합니다! 자식을 키울 힘을 주셔서 감사합니다! 우리 아이들이 건강히 잘 살 거라 믿습니다!' 순간순간 휘몰아치는 좌절의 칼바람 앞에서도 꿋꿋이 버텨내신 비결이 그거였을까?

한때 세월의 풍랑에 쓸려 감사를 잃어버리고 사는 나를 발견하고 소스라치게 놀랐다. 강박증과 공황장애의 늪에 빠져 허우적거리는 딸을 보며 지내는 날들의 고통이 나를 집어삼켰다. 정확하게 그 병이 어떤 건지를 제대로 이해할 수 없는 나 자신이 원망스러웠다. 가슴이 답답하고 주저앉고 싶을 때 나도 기도를 한다. '이렇게 살게 해주셔서 감사합니다! 자식을 키울 힘을 주셔서 감사합니다! 우리 아이들이 건강히 잘 살 거라 믿습니다!' 지금의 모든 힘든 일들이 분명히 앞으로는 점점 더 나아질 것을 확신한다.

수많은 감사의 책들을 접하면서 나도 감사 일기를 써보기로 했다. 노트를 펼치고 펜을 들고 앉았다. 깜깜하니 아무 생각도 떠오르지 않는다. '내가 지금 감사한 게 있기나 한가?' 현실은 모든 게 불행하게만 느껴지는데 감사를 하려니 스스로가 한심한 생각이 들었다. 노트 맨 첫 줄에 '감사합니다!' 한 문장만 써놓은 채 시간이 멈춘 듯 흘러가고 있었다. 그간 책에서 읽은 대로 해보려고 머리를 쥐어짰다. 마지못해 펜을 끄적거렸다. '감사 일기를 쓰기로 마음먹은 저 자신에게 감사합니다.' 그 한 줄이 나의 첫 감사였다.

책에는 실제로 아주 많은 사람이 감사 일기를 쓰고 효과를 보았다고 자신 있게 말을 한다. 믿지 않아도 상관은 없다. 의심을 가진 채 시작해도 무방하다고 나는 생각을 한다. 일단 쓰기로 마음먹고 실행에 옮기기만 한다면 말이다. 그만큼 시작이 중요하다는 것이다. 나도 그랬고 먼저 도전해본 사람으로서 자신 있게 권할 수 있다는 말을 하고 싶을 뿐이다. 나는 거창한 효과를 보았노라 말할 수는 없다. 하지만 분명한 것은 현실을 직시하게 되고 상처를 받아들일 용기가 생겼다는 점이다.

무엇보다 습관으로 만드는 것이 제일 중요하다. 그래서 하루도 거르지 말고 단 한 줄이라도 좋으니 꾸준히 쓰라고 하는 것이다. 감사는 입 밖으로 내뱉고 마는 것이 아니라 쓰는 것이라는 인식의 전환을 해야 한다. 작고 쉬운 일은 습관으로 만들 수 있는 확률이 높다. 밥 먹는 게 당연한 것처럼, 숨 쉬는 게 중요한 것처럼 그렇게 감사를 써보자. 이때 직접 손으로 쓰면 뇌 기능이 더 민감하게 반응하고 활발해진다. 뇌의 여러 부분에 차곡차곡 쌓여 중요한 일로 각인되는 효과를 보게 되는 것이다.

감사 일기를 쓸 때는 제일 먼저 내 주위의 평범한 일상에서부터 시작하라. 감사는 행복지수를 높여준다. 깨닫고 있지 못하던 일을 찾고 그것에 감사하면 행복한 마음이 생긴다. 자식을 키우는 부모들이라면 꼭 알아야 한다. 내가 행복해야 자식도 행복해질 수 있다는 것을 말이다. 그래서 무엇보다도 부모인 당신 자신의 행복지수를 높여야 한다. 감사를 시작해야 하는 중요한 이유가 여기에 또 있는 것이다.

감사 일기를 꾸준히 쓰다 보면 일상의 사소한 일들에 관심을 기울이게 된다. 감사할 일을 찾아 생각을 정리하다 보면 내가 무심히 넘겼던 아주 작은 일의 행복이 새롭게 모습을 드러낸다. 내가 가진 모든 것에서 감사할 이야기를 찾아내고, 그것에 집중하다 보면 진심으로 현재의 나의 일상에 감사하는 마음이 저절로 피어난다.

삶이 우리 모두에게 공평하게 행복을 나눠주지 않는다는 것은, 누구나 알고 있다. 혼자만의 노력으로는 해결하거나 성취할 수 없는 문제가 무수히 많은 것도 사실이다. 내가 원치 않았던 일이 일어나는 것 또한, 스스로는 어쩔 도리가 없다. 그렇다면 우리의 그런 인생을 어찌해야 할 것인가?

피할 수 없다면 즐기라고 했다. 즐기지는 못해도 최소한 맞서봐야 할 것 아닌가? 흔들리고 깨지는 역경 속에서도 굳건하게 살아가려면 힘을 키워야 할 것이다. 그리고 그 답은 감사에서 찾아야 한다. 내 삶이 제멋대로 흘러가도록 두지 마라. 내가 바라고 원하는 대로 성취할 힘이 바로 내 안에 있다는 것을 믿어라. 감사를 통해 그 힘을 찾고 삶을 긍정의 시각으로 바라보게 될 때 비로소 당신의 인생에 새로운 문이 열릴 것이다.

감사는 성장이다. 가족은 물론이고, 당신이 미처 깨닫지 못하던 것들의 소중함이 비중 있게 다가온다. 놓치고 있던 삶의 가치들이 새롭게 드러나서 당신을 키워준다. 불공평한 세상에서도 용기 내어 살아갈 수 있도록 힘을 북돋아 줄 것이다.

자식 둘을 낳고 키우면서 기쁘거나 괴롭거나, 행복하고 슬펐던 수많은 일이 스쳐 지나갔다. 그리고 지금은 아이들과 함께 성장하고 있다. 어느새 30이 넘어 직장에서 똑 부러지게 자기 몫을 해내는 아들의 잔소리를 가끔 듣기도 한다. 그리고 여전히 신경정신과 약은 먹고 살지만, 집안 살림을 도맡아서 하는 딸이 대견스럽다.

오늘도 집안 현관에 들어서자마자 환하게 나를 반겨주는 딸의 미소가 뿌듯하다. 반가움의 치사량을 격한 몸짓으로 내보이는 우리 집 강아지의 환영식에 행복하다. "엄마가 지금의 저를 이렇게 당당하고 자신감 넘치게 키워주신 거예요." "엄마 아니었으면 나는 못 살았지. 우리 브레드랑 이렇게 계속 행복하게 살자." 앞으로의 미래가 어떻게 펼쳐질지 나는 두렵지 않다. 감사로 키운 내 자식 둘이 너무 자랑스럽다. 그래서 또 감사하다.

05

감사를 입버릇처럼 하는 엄마

평생 동안 기도하는 말이 '감사합니다.'라는
말뿐이라면 그것으로 충분하다.

– 마이스터 에크하르트 –

당신은 평소 어떤 말을 자주 하는가? 요즘은 주위 사람들이 말하는 걸 듣고 있으면 어지러울 지경이다. 말의 품위나 고운 말 따위는 정말 사라진 지 오래 아닌가 싶다. 게다가 어린 학생들까지도 말버릇이 아주 고약하다. 말의 중요성 따위는 전혀 모르거나 혹은 안중에도 없는 모습이다.

아무 말이나 입에서 나오는 대로 내뱉고 사는 듯하다. 그러나 무심코 쓰는 내 말버릇에 따라 내 인생이 달라지고 있다는 걸 알면 어떨까? 말이 씨가 된다는 속담이 있다. 내가 툭 던지는 한마디가 어떤 모습으로 되돌아올지 모른다는 얘기다. 그처럼 말버릇은 일종의 자기 암시의 기능을 한다. 그리고 자기 자신에게 거는 강력한 마법의 주문인 것이다.

"엄마는 뭐 마냥 좋아서 이러고 사는 줄 알아. 살아야 하니까, 안 그러면 죽는 거밖에 없으니까 할 수 없이 사는 거지!"

"그럼 나만 없어지면 되겠네. 나 때문에 엄마까지 불행한 거잖아?"

무엇 때문에 그런 섬뜩한 말들을 주고받게 됐는지 이유는 이미 사라지고 없었다. 딸이랑 나는 그저 서로 악다구니만 부리고 있는 상태였다. 눈물 콧물까지 범벅인 상태에서 울다 말하고, 소리치다 통곡하고를 반복하고 있었다. 손 씻는 것을 넘어서 전기제품까지 뜯어 세척하는 딸아이의 행동이 이해되지 않았다. 어쩌다 전화 연결이 안 되면 수십 통의 부재중 전화가 찍혀 있는 상황에 기가 막혔다. 때 맞춰 먹지도 자지도 않고 아무 목적 없이 사는 모습에 심장이 미어졌다.

그렇게 난, 말해도 듣지 않는 딸에게 엄마 마음을 이해 못 해준다고 서러움을 폭발시키고 있었다. 아이의 상태가 그러할진대 내 감정이 먼저였던 거다. 물론 딸의 미래를 위해서라는 내 마음속 포장이 한 꺼풀 씌워져 있긴 했지만 말이다.

사람들은 누구나 지금보다 더 행복한 미래를 꿈꾼다. 인생이 더 희망

차고 잘 풀려가기를 원한다. 그러나 정작 현실에서는 온종일 부정적인 말을 입버릇처럼 달고 산다. "사는 게 지옥이야.", "난 그딴 거 못 해", "아, 몰라", "싫어. 왜 또 나야?" 이 우주는 사람들이 말하는 그대로 들어준다고 했다. 이를 증명하듯이 당신이 우주를 향해 내보낸 말과 똑같은 결과가 펼쳐진다. 그리고 상처받으며 후회한다. 언제까지 이런 시행착오를 반복하면서 살아갈 것인가?

지금 바로 말버릇부터 바꿔야 한다. 긍정적인 말이냐 부정적인 말이냐에 따라 당신의 인생이 달라진다. '나는 운이 좋다'와 같은 긍정의 말은 우리 뇌를 착각하게 만든다. 반복해서 말하다 보면 진짜 운이 좋아진 것 같은 행복함을 느낀다. 그러다 보면 자연히 생각도 긍정적으로 바뀌게 되고 성공하는 행동으로 변하게 되는 것이다.

말은 부메랑처럼 반드시 돌아온다는 것을 기억하라. 말에는 에너지가 들어 있기 때문에 무심코 내뱉은 말도 살아서 움직인다. 좋은 에너지의 말은 긍정적인 결과를 가지고 되돌아온다. 반면 부정적인 말은 그 에너지 그대로 좋지 않은 결과를 가져온다. 좋은 말, 특히 칭찬은 우리의 뇌를 변화시키고 동기부여를 할 수 있게 해준다.

공부하는 방법도 모르던 내가 공부에 흥미를 갖게 된 전환점이 있었다. 그것은 초등학교 5학년 담임 선생님의 칭찬 한마디였다. 이처럼 좋은 말, 긍정적인 말은 상대방의 자존감을 높여준다. 이제부턴 일부러라도 행복해지는 말을 찾아 의식적으로 소리 내어 말하라. 그 말이 당신에게, 또 상대에게 마법을 부려줄 것이다.

"아하하하 하하하 아하하하 하하하 아하하하 하하하" 현관문을 열고 들어서 신발을 벗기 전에 웃기 시작한다. 바닥에는 스마일 스티커가 경계선처럼 일렬로 쭉 붙어 있었다. 웃음치료사 자격증 공부를 한창 하고 있을 때였다. '엄마 또?' 하는 표정의 딸을 보면서 난 계속 웃었다. 딸의 얼굴에 미소라도 번지면 성공이었다.

웃음은 전염이 된다. 그래서 딸도 웃을 수 있으면 된다. 뭐라도 우리 아이에게 도움을 줄 수 있다면 다 좋았다. 엄마가 행복해야 자식도 행복하다 했으니 내가 행복해지는 연습이기도 했다. "행복해서 웃는 게 아니라, 웃어서 행복하다."라고 말한 윌리엄 제임스의 명언처럼 나도 그렇게 되고 싶었다. 그 시기엔 참 많은 것을 배우고 적용하며 살아보려고 무던히도 노력했다. 심리상담 공부도 했다. 20살이 훌쩍 넘은 딸이랑 저녁마다 서로 책 읽어주기도 하면서 나름 평온하게 지냈다.

그때쯤부터였을 것이다. 매일 감사 일기를 쓰기 시작한 것도. 감사하기를 선택하고 감사 일기를 쓰기 시작하면서 나의 말버릇도 서서히 바뀌었다. 저절로 튀어나오던 "아이고 죽겠네!" 소리가 입 밖으로 채 나오기 전에 순간 픽 웃음이 터진다. 그만큼 이젠 내가 하는 말이 의식적으로 통제가 되는 것이다. 내가 그렇게 바뀌고 나자 사람들이 하는 부정적인 말들을 듣기가 너무나 불편해졌다. '아~ 나도 저런 식으로 말하면서 살아왔겠구나!' 하는 생각에 마음이 아팠다. 이제 더는 내 인생을 망가뜨리지 않으리라.

아들을 군대에 보냈을 때가 엄마들에게는 매일매일 감사하며 살게 되는 때가 아닐까 싶다. 일부러 감사하려고 애쓰지 않아도 저절로 그런 마음이 드는 시기 말이다. 나도 역시나 다른 부모들처럼 똑같았다. 춘천 102 보충대로 입소하던 날의 풍경. 엄마를 닮아 수족냉증이 심한데 한겨울 화천 최전방으로 자대배치 받아가서 걱정하던 기억. 연평도 해전으로 비상이 걸려 입대하고 9개월 동안이나 못 보다가 첫 면회 가서 만났던 애틋함.

그 후 3개월 뒤인가, 아들이 첫 휴가 나오던 날이었다. 군대 입대 후에 살던 집을 이사한 터라 아들에겐 전혀 낯선 동네였다. 만나자마자 은행부터 데려다 달라하기에 의아해했다. 아들은 3만 원 조금 넘게 나오는 군인 월급에서 매월 3만 원씩 자동이체로 적금을 들고 있었다. 나중에 월급이 만 원 올랐을 때는 적금도 4만 원으로 올렸음은 짐작대로였다.

동네에서 알고 지내던 친구는 군에 간 아들에게 1~2만 원씩 용돈을 보내 주곤 했다. 월급이 부족하다고 아들에게 요청이 온다고 그랬다. 이런 분 처음 봤다는 은행 직원들의 칭찬에도 나는 마음이 아팠다. 입대 전 아르바이트 해서 모은 돈도 엄마에게 주고 간 아들이었다. 어렸을 때부터 용돈은 집안일을 거들고 직접 벌게끔 가르친 것까지 후회가 됐다.

아빠가 없이 살아야 한다는 중압감 때문일까? 엄마와 여동생을 챙겨야 한다는 아들만의 책임감 때문일지도 모르겠다는 생각이 들었다. 우리 앞에 놓인 환경이 어떻든 그것에 우리가 어떤 의미를 부여하느냐가 중요하다. 그리고 선택을 어떻게 하느냐에 따라 우리의 인생도 방향을 잡을 수가 있다.

나는 감사하는 마음이 저절로 가슴을 차고 올라왔다. 어느 틈에 바라보기만 해도 듬직하게 성장한 우리 아들. 남들이 보는 세상의 시선으로는 한참 못 미칠지언정 너무나 착하고 순진한 우리 딸. 사랑하는 우리 아이들을 위해 오로지 감사하는 삶을 살아야겠다는 마음을 다지고 있었다.

감사는 마음을 편안하게 해준다. 그리고 고된 시련이 닥쳐와도 그것을 인정하고 이겨낼 힘을 준다. 감사는 또한 매일의 일상을 긍정적인 시각으로 바라보게 해준다. 감사하는 마음 하나만 붙들고 살아도 불행하지 않다. 감사하는 마음에는 무한한 잠재력이 들어 있다. 어떤 상황에서도 긍정적으로 바라보는 눈이 길러지기 때문이다. 감사하기는 누구든지 할 수 있다. 그리고 언제든지 가능하다.

나는 감사를 입버릇처럼 달고 살아간다. 아침에 눈 뜨는 순간부터 시작해서 밤에 불 끄고 침대에 누워 잠들기 전까지가 내내 감사다. 시시때때로 '감사합니다!'가 입에서 그냥 튀어나온다. 그래선지 하루가 특별한 이유 없이도 행복하다. 물론 나도 일을 하다 보면 순간 얼굴을 찡그리게 될 때가 있다. 속상한 마음에 잠깐 화가 날 때도 있다. 하지만 그런 상태는 그리 오래 계속되지 않는다. 특히 퇴근할 때는 더 마음을 감사로 가득 채우고 집에 들어간다.

감사하는 태도는 당신의 인생을 한 단계 높여줄 수 있는 가장 쉽고 간단한 방법이다. 감사를 선택하고 감사하기를 실천에 옮기는 것은, 오로지 당신의 몫임을 기억하라. 당신도 지금 당장 시작할 수 있다. 감사를 입버릇처럼 하고 살아라. 그리하면 당신 앞에도 행복의 문이 열릴 것이다.

그럼에도 감사합니다

나는 '고맙습니다. 나는 진실로 복 받은 사람입니다.'라고
말하지 않고 지나간 날이 단 하루도 없다.

– 오프라 윈프리 –

한참 손에서 책을 놓지 않고 지내던 2~3년간 읽은 책 중에 내가 적잖이 충격을 받은 책이 있다. 그것은 '현대 호오포노포노'의 권위자인 이하레아카라 휴 렌 박사와 '영혼 마케팅'의 창시자인 조 비테일의 저서 『호오포노포노의 비밀』이다. 잘 믿기지 않는 이야기지만 그 책에는 실제 휴 렌 박사가 직접 실행했던 치유 경험담이 나온다.

휴 렌 박사는 1984년부터 1987년까지 하와이 주립 정신병원의 중증 환자 병동에서 임상심리학자로 근무했다. 그곳엔 살인, 강간, 마약, 폭력 전과범들이 엄격한 통제 구역에 격리 수용되어 있었다. 금속 팔찌와 족

쇄 착용이 일상화되어 있음에도 환자들끼리나 직원들을 폭행하는 일이 빈번하게 일어났다. 직원들은 한 달을 못 버티고 그만두기 일쑤였고, 환자의 가족들조차 면회하기를 꺼리는 암흑의 병동이었다.

그런 험악한 병동의 임상심리학자로 부임한, 휴 렌 박사는 어떤 환자도 진료하거나 심리 치료를 하지 않았다. 오로지 그가 한 일은 호오포노포노 치료법을 실행에 옮기는 것뿐이었다. 병동에 가기 전이나 병동에 있는 동안에도 계속해서 자신의 내면을 정화하는 일에만 몰두했다. 단지 환자들의 병에 대한 기록을 보면서 그런 문제를 일으키는 휴 렌 박사 자신 안의 원인을 정화해나갔다. 놀랍게도 그가 치유 과정을 진행해나가면서 하나둘 호전되는 환자들이 나오기 시작했다.

그렇다면 휴 렌 박사가 병원을 떠나게 된 3년 뒤의 그 병동의 모습은 어떠했을까? 환자들은 더는 팔찌와 족쇄를 착용하지 않고 자유롭게 돌아다니게 되었다. 격리실도 필요가 없어 사라지고 독한 약을 먹던 환자들도 약이 줄어들었다. 병동 직원들은 오히려 근무를 희망하게 됐으며 가족들이 면회도 자주 오게 되었다. 그리고 퇴원하는 환자들이 많아져서 그 병동의 존재 이유가 사라졌고 현재는 아예 폐쇄되었다.

처음 이 책을 접하고 나는 그야말로 멘붕에 빠졌다. 어떤 문제든 내가 알게 되는 그 순간 그 문제의 원인은 나의 내면에 있는 것이라는 말을 받아들이기 쉽지 않았다. 물론 나 또한 늘 입버릇처럼 '다 내 탓이다'를 읊조리며 살아오긴 했지만, 그것과는 또 다른 무엇이었다. 하지만 그건 분명 신화 속 얘기가 아니었다. 실제 경험담이고 휴 렌 박사는 현재도 여전히 그 호오포노포노법을 전 세계적으로 알리고 있는 사람이었다.

무슨 안 좋은 일에든, 전생에 죄지은 게 많아 이런 일을 겪는 거라고 나는 곧잘 말하곤 했었다. 그리고 책에서 휴 렌 박사는 말하고 있었다. 조금이라도 그 상황을 바꿔나갈 수 있도록 스스로 내면의 정화를 계속하라고. 그것은 평소 내가 하는 말의 증거를 보여주는 운명적인 책이었다. 더는 의심할 필요도 망설일 이유도 없었다.

나는 즉각 하와이 원주민들의 전통적인 문제 해결법을 내 삶에 적용하기 시작했다. 내 주위에서 일어나는 모든 문제는 전부 나에게 그 원인이 있다. 우리가 알든 모르든 상관없다. 사실 언제의 기억인지 알 수도 없다. 그저 나의 무의식 속 기억들이 변형되어 문제를 일으키는 것이다. 그리고 결국 불행한 상태로 내 앞에 모습이 드러난다.

호오포노포노의 핵심 메시지는 어떤 문제에 처하게 되든 자신이 온전한 책임을 져야 한다는 가르침이다. 세상의 모든 문제는 내가 알게 되는 순간 온전히 나 자신의 책임이다. 외면하고 살았던 자신의 내면 아이가 가지고 있는 어떤 기억이 문제를 일으킨 것이다. 그러므로 고통과 불안을 가져오는 내 안의 왜곡된 기억을 모두 걷어내고, 무엇이든 새롭게 시작할 수 있는 제로의 상태로 나를 돌아가게 하라. 이것이 호오포노포노가 말하는 치유 과정이다.

이 과정을 호오포노포노에서는 '정화'라고 표현한다. 이러한 정화 작업은 부와 건강, 나아가 평화와 행복에 이르게 한다. 일상의 모든 불균형과 문제를 해결하는 하와이인들의 문제 해결법 호오포노포노는 아주 간단하다. 오직 '미안해요' '용서해주세요' '고마워요' '사랑해요' 이 네 마디 말이면 충분하다. 이로써 정화가 일어나고 제로의 상태로 돌아간 당신의 삶을 변화시킨다. 그때부터 나의 입버릇은 좀 더 길어졌다. 어떤 상황에 놓이든, 자동으로 이 네 마디 주문이 입 밖으로 튀어나왔다. 나의 내면 아이에게 진심으로 말을 건네기 시작했다. 그리고 실제로 나는 무슨 일이 내게 일어나던 쉽게 마음의 평화를 되찾았다. '미안합니다. 용서하세요. 감사합니다. 사랑합니다.'

군대 제대하자마자 바로 아들은 원룸 생활을 시작했다. 복학하려면 거리가 멀어 어차피 따로 나가야 했지만 좀 빨리 독립해서 일부터 하겠다고 결정한 것이었다. 그리고 사계절 내내 곰팡내 나는 그 첫 번째 원룸에서 꼬박 6년을 살았다. 직장생활을 시작하고 어느 정도 자리가 잡히자 아들은 비로소 전세자금 대출을 끼고 방 2칸짜리 빌라 전세를 얻어 들어갔다. 집 장사하는 사람들이 지은 건물이라 좀 꺼림칙했다. 그래도 융자 없는 집을 고르고 전입신고, 확정일자로 안심 장치를 해놓은 상태였다.

그러다 일이 터졌다. 2년 만기를 3개월 앞두고 집주인이 집을 넘겨버린 것이었다. 아들은 전세 만기가 되면 이사 나가겠다는 의사를 5~6개월 전부터 밝혀놓은 상태였다. 그러나 정작 아무런 고지도 없는 채로 집주인이 바뀌었다. 그렇더라도 자연스러운 매매였다면 아무런 문제가 되지 않는 일이다. 하지만 집을 샀다는 사람이 나타나지 않는 것이었다.

등기서류를 뒤지고 계약했다는 사람들을 사방으로 추적해봤지만, 알 길이 없었다. 관련된 사람이나 법무사 모두 자신들은 대리했을 뿐이란다. 그마저도 그 뒤론 연락을 아예 안 받는 기이한 행태를 보여줬다. 그 야말로 속수무책이었다. 그 후 대물변제로 6개월 동안 세 번의 소유자가 더 바뀌고 나중엔 유령회사 차지가 되었다. 실체도 없는 곳에 내용증명만 수십 통 보내고 결국 변호사를 선임해서 전세금반환소송을 제기했다.

군에 있으면서도 적금을 들던 아들이었다. 대학 다니면서도 막노동까지 불사하며 돈을 모았다. 그리고 회사에 입사해서 알뜰살뜰하며 전세

자금을 장만해왔는데 이런 사태가 벌어지고 만 것이다. 하늘이 무너질 노릇이었다. 아들은 극심한 스트레스로 대상포진에 걸려 고통스러워했다. 몸속 장기들까지 다 엉망이 되어 매끼 한 주먹씩 약을 삼키며 회사에 다녔다.

대한법률구조공단에도 찾아가고 네이버에 질문 글도 남겨보고 정말 여기저기 전화하고 정신없이 쫓아다니고 할 수 있는 건 다해봤다. 변호사에게 맡긴 이제 내가 할 수 있는 일은 오로지 나를 정화하는 일뿐이었다. 워낙 예민한 성격의 아들인지라 나라도 정신 차려야 했다. 내 안의 무슨 기억이 이토록 자식들을 힘들게 만드는 건지 이해할 수 없었다. 하지만 알 수도 없고 알 필요도 없다 하지 않았나? 그저 끊임없는 정화만이 답이었다.

"내 안의 모든 상처와 기억들을 몰라줘서 미안합니다! 아픈 상처들과 나쁜 기억들에 용서를 구합니다. 용서해주세요! 내 안의 온갖 부정적인 것들을 제거하고 새롭게 창조할 기회를 주셔서 감사합니다! 온 세상 만물과 내 안의 나를 진심으로 사랑합니다!"

전세금반환소송에 승소하고 집은 경매로 진행되었다. 당연한 결과였지만, 당사자가 없는 유령회사가 집주인이라 법적 절차는 더 오래 걸렸다. 빌라 매매가격은 전세금에도 한참 못 미치는 수준이었다. 아들이 경매신청권자이고 1순위라서 낙찰을 받을 수는 있지만 그래봤자 손해를 볼 수밖에 없는 상황이었다. 그러나 그 일이 벌어진 후 1년 5개월 만에, 아들은 전세금을 다 돌려받고 그 집에서 벗어났다.

처음엔 원 집주인에게 원망의 화살을 돌렸다. 사업상 돈이 쪼들려 집을 넘겼을 뿐, 그런 상황이 될 줄은 정말 몰랐단다. 하지만 이미 벌어진 일, 이해하기로 마음을 바꿨다. 소송 후 경매로 나오면 본인이 낙찰 받겠노라 약속했다. 그 약속을 이행하는 과정은 아들과 나의 심장을 다 헤집어놓을 정도로 험난했다. 그분과 수십 통의 전화통화를 하며, 나는 무조건 감사하고 또 감사했다. 물론 소송비용 1천만 원은 유령회사를 추적할 길이 없어 손해로 고스란히 남았지만 그럼에도 감사하다.

17개월을 하루도 거르지 않고 감사 일기를 썼다. '아들 전셋집이 원만하게 해결되었습니다. 정말 감사합니다.' '아들 전셋집 경매가 낙찰되어 전세금을 다 돌려받았습니다. 정말 감사합니다.' '아들이 전세금을 전부 다 돌려받고 이사했습니다. 정말 감사합니다.' 그런 나의 기도는 그대로 모두 이루어졌다.

아들을 살리고 나를 살렸다. 내 안의 나쁜 기억들과 아픈 상처들을 치유하는 과정을 통해 새로운 탄생을 맞이했다. 안 그랬어도 같은 결과가 아니었겠냐고 묻는다면 할 말은 없다. 믿음을 가질지 말지는 오로지 각자의 선택이다. 분명한 것은 이제 나는 어떤 상황이 닥쳐도 감사하며 사는 사람이다. 모든 원인은 내 안에 있다는 것을 인정하고 살아간다. 그래서 나는 행복하다. 주위의 사람들뿐 아니라 온갖 사물들까지도 세상에 아름답지 않은 것이 없다.

무슨 일이 생기든 나는 말하리라. "그럼에도 감사합니다."

행복해지고 싶으세요?

가장 중요한 때는 바로 이 순간이고, 가장 중요한 사람은 지금 함께 있는 사람이며,
가장 중요한 일은 지금 함께 있는 사람을 위해 좋은 일을 하는 것이다.

— 톨스토이 —

"오구, 오구, 오구~ 울 새끼! 아이고~ 귀여워라!"

우리 집 막내, 푸들 강아지를 쓰다듬으며 내가 웃으며 말하자 마주 앉
아 그 모습을 지켜보던 딸이 한마디 던진다.

"엄마가 우리 브레드 없었으면 이렇게 웃을 일이 있겠어? 날 보고 웃을
것도 아니고."
"아니 왜, 우리 딸내미 보고도 당연히 웃지!"
"내가 웃기게 생겼어?"

"야~ 그러면 브레드가 웃기게 생겼냐?"

딸과 나는 한바탕 웃음꽃이 핀다. '그래, 이런 게 행복이지. 거창하게 다른 데서 행복을 찾을 필요가 있나 뭐.' 딸과 브레드가 함께 있는 이 순간 나는 충분히 행복하다. 브레드는 생후 5개월 때 서울 강동구 암사동에서 내가 직접 데려온 깜장 색 푸들이다. 반려동물 카페에 입양 보낸다는 글이 올라오자마자 바로 달려갔다.

나이가 좀 있는 남자분이 원룸에서 키우고 있었다. 애견 샵에서 태어난 지 한 달 된 새끼를 비싼 돈 주고 젤 예쁜 놈으로 데려왔다고 자랑이다. 거실이랄 것도 없는 좁은 공간, 작은 울타리 안에서 어린 강아지가 나오고 싶어 낑낑대고 있었다. 그때까지 난 강아지를 만져본 적도 없었다. 딸에게 좋을 것 같아 무작정 용기를 낸 것이었다. 바로 그날로 브레드란 이름을 딸이 지어줬고 우리 집 막내아들이 되었다. 천방지축 어찌나 온 집 안을 방방 뛰어다니며 좋아하는지 그 작은 울타리에 갇혀서 얼마나 답답했을까 하는 생각을 했다. 그로부터 벌써 6년이 훌쩍 지났다. 이제는 내게도 딸에게도 없어서는 안 될 소중한 가족이 되어 매일 함께 행복을 만들어가고 있다.

사람들은 행복을 원한다. 그런데 "당신은 지금 행복한가?"라는 질문에 자신 있게 대답하는 사람은 그리 많지 않다. 아마도 행복이 먼 곳에 있다고 생각하기 때문이리라. 행복은 늘 우리 곁에 있었고, 지금도 그렇다. 그러나 사람들 대부분은 현재의 소중함은 무시한 채 미래를 위해서 산다. 무언가 하나라도 더 가지기 위해 밤낮으로 앞만 보고 달려간다. 노력의 결실을 맛보는 순간은 너무나 짧고 또 다른 목표에 온 정신을 다 빼앗기고 만다.

우리가 바라는 행복은 언제나 그처럼 한 발짝만큼 앞에만 존재하게 되는 것이다. 조금만 더 팔을 뻗으면 닿을 것 같은 착각 속에서 살아간다. 그리고 '나는 왜 이렇게 부족한가?' 자괴감에 빠져 지낸다. 행복은 지금 존재한다는 것을 깨달아야 한다. 지나온 과거는 우리 마음속에 이미지 한 장으로 남아 있다. 미래 또한 상상 속 이미지로만 존재함은 물론이다. 바로 지금만이 우리가 보고 듣고 만지면서 살아갈 수 있는 것이다. 이 얼마나 소중하고 감사한 순간인가? 더는 다른 곳으로 눈을 돌릴 이유가 없다.

네잎클로버의 꽃말은 행운이다. 어릴 적 네잎클로버를 찾겠다고 누구나 애써본 기억이 있을 것이다. 책갈피에 끼어두고 애지중지하거나 코팅하여 몸에 지니고 다니던 생각이 난다. 그러나 한참 세월이 흐른 뒤에 주변에 지천으로 피어 있던 세잎 클로버의 꽃말이 행복이란 것을 알았을 때의 묘한 기분이란?

행운을 찾아 헤매느라고 그 많은 행복을 다 못 본 척하며 살아온 것 아닌가? 작은 풀잎 하나가 우리에게 주는 교훈은 간단치 않다. 아주 흔한 세잎클로버와 같은 일상 속 소소한 행복을 그냥 지나쳐버리는 건 바보 같은 짓이다. 우리는 삶에서 수없이 만나는 크고 작은 행복의 존재를 아예 모른 채 살아간다. 행복은 우연한 사건이 아니라 자신의 선택이라는 것을 깨닫지 못하는 것이다. 우연히 발견하는 네잎클로버가 아닌, 내가 손 내밀어 만지면 되는 세잎클로버라는 것을 잊지 말자. 행복은 우리가 달성해야 할 목표가 아니라 인생의 여정 속에서 갖게 되는 소중한 느낌이다.

인간은 사회적 동물이다. 그러나 세상의 잣대에 너무 자신을 맞추려고 하면 인생이 고달파진다. 누군가에게 잘 보이려고 애쓰며 살다 보면 정작 그 사람들 때문에 상처받는다. 그리고 내 삶은 온통 불행하다고 몸부림치며 살아가게 된다. 언제나 내 편이 되어줄 가족들과 한결같이 내 곁을 지켜줄 진짜 친구들에게 집중하라.

지난 과거에 발목 잡혀 미련 떨며 산다고 바뀌는 것은 하나도 없다. 그 옛날의 상처 때문에 너무 아프다고 소리친다고 들어줄 사람은 없다. 그건 가장 가까운 가족이나 친구들마저도 지치게 만드는 일이다. 이미 진즉에 사라지고 없는 허상을 붙들고 힘들어하는 것이다. 당신이 그 손을 놓으면 된다. 그만 놔주어라. 그리고 지금 있는 자리에서 조금씩 나아가면 된다. 부족한 부분을 채우고 새로움을 더하면서 점차 발전해나가면 충분하다.

나를 힘들게 하는 현실은 받아들이고 인정하라. 자신이 진정으로 원하는 꿈을 찾고 도전하는 하루하루를 보내다 보면 곧 이룰 것이다. 행복은 당신 손안에 있다. 나를 지지해주는 사람들과 함께 행복을 만들어가라. 당신의 소소한 일상 속에는 수많은 행복이 숨어 있다. 그 행복을 발견하고 그 순간 마음껏 행복해하면서 하루를 살아가면 된다. 마치 오늘이 마지막 날인 것처럼 살아가라. 눈에 들어오고 귀에 들려오는 온 세상이 아름답다. 바람의 냄새조차 향기롭다. 어찌 단 한순간인들 행복하지 않을 수 있겠는가? 당신이 이 세상에 태어난 순간부터 당신은 행복할 권리와 의무가 있다는 사실을 기억하라.

아버지는 연신 싱글벙글하고 계신다. 그 옆에 앉아계신 엄마는 기막힌 표정을 짓고 있다. 자식들 눈에는 익숙하고 흔한 풍경이라 '또 무슨 일인가?' 하면서도 대수롭지 않은 게 사실이다. 그런데 엄마는 진짜 화가 나신 듯했다. 엄마가 한참을 열이 올라 설명하시는 내용인즉슨 이랬다.

보훈 등급을 받으러 의사 앞에 가 앉았는데 아, 글쎄! 아픈 데가 하나도 없다고 하셨다는 것이다. 여기고 저기고 매 아픈 데뿐이라 약으로 사시는 양반이 어떻게 그렇게 말을 하는지 모르겠다며 속상함에 눈물까지 보이신다. 더군다나 아버지는 50세 무렵, 대장을 반이나 잘라내는 대수술을 하시고 13일 만에 깨어나서 늘 몸이 온전치 않은 상태였다.

암튼 그래서 최저 등급인 7등급을 받았다는 얘기였다. 당연히 등급에 따라 지급되는 연금 금액이 아주 적은 건 불을 보듯 뻔했다. 그런데도 아버지는 아랑곳 않으신다. 죽을 때까지 나라에서 용돈도 받는다고 좋아하신다. 그리고 내 죽으면 현충원에 묻힐 거라고 오히려 기세등등 함박웃음이시다.

아버지는 6 · 25 전쟁 참전용사다. 우리가 익히 배워 알고 있는 그 참혹한 백마고지 전투에서 심각하게 부상을 당했다. 그리고 불행 중 다행으로 혼자 살아남으셨다. 부상 치료를 위해 이후 꼬박 1년간을 병원 신세를 졌다. 당시 군대 복무기간이 거의 끝나갈 무렵이었으니까 치료가 끝나면 제대 처리가 되는 상황이었다.

하지만 아버지는 치료도 덜 된 상태에서 다시 군대로 끌려가는 청천벽력같은 상황을 맞이했다. 아버지가 복무하던 1사단이 전멸하고 부대의 기록이 전소되어 없어졌다는 이유였단다. 아무리 전쟁 통이라지만 울분을 토할 일이었다. 그렇게 아버지는 도합 7년의 군대 생활을 마치고 나서야 집으로 돌아올 수 있었다. 결혼하자마자 군에 간 남편 대신 엄마는 온갖 시집살이에 갖은 고생하며 시댁 식구를 먹여 살렸다고 했다. 그 길로 우리 부모님은 고향을 떠나 2남 2녀를 낳아 키우셨다.

그런 끔찍한 상처를 입고도 아버지는 국가유공자 대우를 받지 못하셨다. 어떻게 된 건지는 알 수 없으나 팔이나 다리 하나가 없는 분들만 보훈대상자인 줄 알고 지냈다. 원칙대로였다면 조금은 더 수월하게 살아오셨을 터였다. 자식 넷 학비와 아버지 병원비는 물론이고 연금과 각종 혜택을 받고 살았어야 맞는 거였다. 우리 부모님이 그 어려운 환경 속에서 어떻게 살아오셨는데, 생각하면 내가 다 분하니 우리 엄마 속은 또 어떠셨을까?

50년 만에 보훈대상자로 인정받았으니 아버지는 그것만으로도 기분이 너무 좋으신 듯했다. 등급 판정을 잘 받아야 연금이 한 푼이라도 더 나올 텐데 그런 건 문제가 아니었던 거다. 하긴 돌아가시기 전, 암으로 고생하시면서도 의사 앞에선 안 아프다고 하실 정도였으니 할 말은 없다. 평생 그렇게 당신은 아프지도 않고 괜찮으신 분이었다.

먹고살기 바빠 아버지는 당신이 외상 후 스트레스 증후군을 앓고 계셨다는 것도 몰랐다. 사실 그런 병명도 없던 시절이었다. 얼굴과 몸에 총알 파편이 박혀 있다는 정도로만 알고 살아오셨으니까 말이다. 폐암 진단을 받고 병원에 모시고 다닐 때, 폐 엑스레이 사진에 총알 파편 같은 게 있다는 의사의 말을 들었다. 얼마나 가슴이 미어지던지 지금도 눈물이 난다.

어쩌면 우리 아버지같이 행복할 수 있을까? 물론 아버지도 젊은 시절엔 삶의 모든 상황을 고통스러워하셨단다. 너무 억울하고 분해서 그 당시 박정희 대통령에게 숱한 편지를 써서 보냈었다는 얘기도 들었었다. 부모님은 맨몸으로 자식들 키우며 모진 시간을 견뎌내셨다. 세월이 아버지 마음에 변화를 가져다주었을까? 분명한 것은 아버지 스스로가 행복한 쪽으로 선택을 하신 것은 맞다. 어느 순간부터 늘 웃음을 잃지 않으셨으니까.

내 기억 속의 아버지는 항상 밝고 마음이 건강한 분이셨다. 당신이 먼저 손 내밀어 베풀어주시는 분이셨다. 하루도 허투루 시간을 보내지 않으셨다. 매일 반복되는 일상 속에서도 늘 새로운 행복을 찾아내시는 분이셨다. 몇 년 안 되는 국가유공자 대우에 기꺼워하시며 이제는 영원히 대전현충원에 잠들어 계신다.

감사 법칙의 비밀

사람이 얼마나 행복한가는
그의 감사함의 깊이에 달려 있다.

- 존 밀러 -

혹인으로서 전 세계의 존경을 받는 남아프리카의 첫 번째 대통령이었던 넬슨 만델라의 일화이다. 그가 27년간 옥살이하고 출소할 때 사람들이 가장 걱정했던 건 그의 건강이었다. 출소할 때의 나이가 이미 70세가 넘은 데다 그 긴 세월을 교도소에서 생활했으니 그럴 만도 했다. 그러나 교도소에서 걸어 나오는 그의 모습에 그 자리에 모여 있던 사람들은 모두 너무나 놀라고 말았다. 27년을 교도소에 있던 사람 같지 않게 아주 건강한 모습이었기 때문이다.

믿기지 않는 현실에 한 기자가 비결을 물었고 넬슨 만델라는 웃으며 대답했다. 자신은 늘 하나님께 기도 드렸을 뿐이라고. 하늘과 땅에 감사하고, 물과 음식에 감사했으며, 심지어 강제 노동할 때마저도 늘 감사하기를 잊지 않은 덕분에 건강을 지킬 수 있었다고 말이다. 넬슨 만델라는 교도소에서 나온 이후 노벨 평화상을 받고 대통령에 당선되었다.

감사! 감사가 대체 무엇일까? 그것이 무엇이기에 27년 옥살이를 한 70대의 몸을 건강하게 유지할 수 있게 해주는 걸까? 우리가 알고 있는 그 감사가 맞는 건지 혼란스러울 것이다. 감사함으로써 건강을 지킬 수 있다는 것은 감사 효과 중 하나에 불과하다. 감사는 우주의 법칙이다. 지금 당장 배워서 실천해야 할 마법의 주문이다. 감사의 법칙은 이미 과학적으로 밝혀진 사실이다. 감사의 효능에 대해 심리학자들과 과학자들이 연구하고 실험한 결과가 당신에게 확신을 줄 것이다.

감사는 우리를 건강하게 해준다. 감사하는 마음을 냄으로써 스트레스와 우울증이 사라진다. 그리고 강력한 항암 효과를 내는 호르몬 다이돌핀이 우리 몸에서 솟아나는 때는 감사하고 감동하는 순간이다. 또한, 잠들기 전에 감사하면 숙면할 수 있다는 연구 결과도 있다. 이렇게 감사하는 것만으로 우리의 몸과 마음은 지금보다 더 건강해지는 것이다.

감사는 우리를 행복하게 해준다. 현재 내가 처한 상황에 감사하는 마음을 갖는 것으로 행복을 느낀다. 앞으로 더 좋아질 거라는 긍정적인 생각을 하게 된다. 감사하는 사람들은 자신들의 삶에 더 큰 만족감을 드러낸다. 그리고 업무 능력도 좋아진다는 사실이 밝혀졌다. 감사하면 할수록 우리에게 더 좋은 것, 더 행복해지는 것들을 찾을 수 있게 될 것이다.

감사는 또한 우리를 부자가 되게 해준다. 감사하는 마음을 가지면 자연스럽게 당신이 원하는 것이 끌려오기 시작한다. 부는 감사하는 마음을 통해 더욱 늘어난다. 감사를 습관화한 사람은 다른 사람들보다 연봉을 2만 5,000달러나 더 받았음이 실험 결과로 드러났다. 세상의 많은 사람이 가난한 이유는 감사하는 마음이 부족하기 때문인 것이다.

부자가 되는 감사 법칙

우리는 종종 우연의 일치라기에는 신기한 일들과 마주친다. 누군가를 생각하고 있는데 마침 그 사람에게서 전화가 걸려온다. 별생각 없이 입 밖으로 내놓은 말이 얼마 뒤에 실제로 일어나기도 한다. 이러한 동시성은 우리가 우주와 연결되어 있다는 것을 의미한다.

우주에는 사랑의 에너지로 가득 차 있다. 우리가 원하는 모든 것을 우리에게 가져다준다. 우리는 말이나 마음속에 간직한 생각으로 우주에 원하는 바를 전달하면 된다. 혼자 해내려고 애쓰지 말고 우주의 사랑에 내 맡기기만 하면 되는 것이다. 우주는 언제나 우리의 인생을 지지해주는 내 편이다. 보이지 않고 잡히지 않아서 모르고 있었을 뿐이다. 원하는 대로 내 삶이 이루어지길 원한다면 우주의 힘에 내맡겨야 한다. 무엇보다 우주의 사랑 에너지를 믿는 것이 첫 번째인 것이다.

감사하는 마음이 없으면 우리는 돈에 거부감을 표출한다. 돈이 부족하다거나 돈은 힘들게 일해야 벌 수 있다거나 투덜대면서 말이다. 그런 부정적인 에너지가 실리는 돈은 자연스럽게 돌지 못하고 정체되어버린다. 돈이 들어오고 나갈 때 풍요로운 에너지를 실어야 한다. 돈을 사용할 때 '감사합니다'를 말함으로써 올바른 순환이 계속 이루어지도록 하라.

감사하는 마음을 가진 사람은 우주의 창조적 에너지와 더욱 조화로운 관계로 이어진다. 우주에 감사 에너지를 발산하면 당신은 필연적으로 그에 대한 반작용으로 원하는 것을 받게 될 것이다. 당신과 우주를 연결해주는 유일한 끈은 바로 감사하는 마음임을 기억하라. 그리고 우주가 들어줄 거라 믿고 아주 작은 소망부터 맡겨보라.

실제로 이루어지는 소소한 기적을 자꾸 경험하다 보면 확실히 깨닫는다. 그리하여 점점 더 큰 꿈들을 우주와 함께 그려나가게 되고 원하는 모든 것이 내 눈앞에 나타날 것이다. 우주에 원하는 것을 주문하라. 우주에 보내는 긍정적인 말은 긍정적으로, 부정적인 말은 부정적인 현실로 나타난다. 우주는 모든 것을 다 들어주리라는 사실을 믿어라. 그리고 진심으로 감사하는 마음을 가짐으로써 당신 자신과 우주를 연결하라. 바로 이것이 당신이 부자가 되기 위한 기본 법칙이다.

건강해지는 감사 법칙

감사는 우울 처방제다. 대부분 우울증은 보통 자기 자신이 가지지 못하고, 해내지 못한 것에만 집중하는 경향이 있다. 그러나 감사는 그렇지 않다. 자기 자신의 일상에서부터 시작된 감사는 타인과 외부로 점점 시선을 넓혀간다. 따라서 세상에 대한 긍정적인 기분을 느끼게 된다. 스트레스에 민감한 사람들도 세로토닌 분비가 촉진되는 감사를 함으로써 자신이 겪는 스트레스에 잘 대처하게 되는 것이다.

감사를 느끼는 사람은 질병에 걸릴 확률이 현저히 줄어들고 회복도 빠르다. 감사할 때 엔도르핀이 분비되면서 면역력이 증대되고 혈액 순환이 잘되기 때문이다. 감사와 같은 긍정적인 생각은 규칙적인 심장박동을 유지한다. 수면과 관련 있는 시상하부가 감사에 의해 활성화된다. 감사 일기를 작성하는 사람들은 숙면하고 상쾌한 아침을 맞는다는 공통점이 있다. 감사하는 태도가 우울함을 줄여주고 밤에는 더 잘 자도록 도와준다는 것이다. 이렇게 감사하는 마음을 가지고 생활하는 사람들이 상대적으로 수명도 더 길다는 연구 결과가 있다. 감사하는 마음은 도파민을 방출하여 고통을 덜어줄 뿐만 아니라 치매에 걸릴 확률도 낮게 나온다. 감사라는 건강한 에너지를 가지고 즐겁게 생활하기 때문이다.

행복해지는 감사 법칙

우리들의 평범한 일상을 감사의 눈으로 한번 바라보라. 그 안에는 수많은 축복이 들어 있다. 내 주변의 소중한 사람들이 날 얼마나 많이 도와주고 사랑해주는지 떠올려보라. 저절로 감사하다는 말이 나올 수밖에 없다. 감사는 우리에게 긍정적인 감정을 갖게 해준다. 감사를 느낄수록 부정적인 감정을 떨쳐낼 수 있게 도와준다. 내가 이미 가진 것들의 소중한 가치를 깨달아라. 풍요로 가는 첫걸음이 바로 감사하는 마음을 내는 것이다.

이 아름답고 장대한 자연의 일원이 되어 살아가는 데 경외심을 느끼는 것도 감사의 마음이다. 그저 무심히 스치는 바람과 물, 그리고 온갖 사물들에게까지 친근한 마음이 든다. 이 얼마나 가치 있고 창조적인 에너지의 교류인가? 고난 속에서도 꿋꿋이 성장하고 있는 자기 자신에게 감사하라. 감사는 행복을 불러온다.

자신을 스스로 사랑하는 일이 행복의 마스터키인 것이다. 내 존재의 참된 가치를 발견하고 언제나 기쁘고 충만한 삶을 영위하라. 감사의 눈으로 세상을 바라보면 그저 그랬던 나의 삶이 기적으로 변한다. 평범한 나의 존재가 기적과 같은 존재가 된다. 그리고 똑같았던 하루가 너무도 소중해진다. 오늘 감사할 수 있다면 행복이 무엇인지 알게 될 것이다.

"사람이 화를 내거나 남을 미워할 때는 뇌 속에서 아드레날린과 노르아드레날린이 분비된다. 이 호르몬은 독소를 지니고 있어 사람을 병들게 한다. 그러나 기도나 명상을 하면서 감사하고 기뻐할 때 엔도르핀이 분비되어 건강을 돕는다. 즉 감사의 기도를 하는 습관이 건강의 비결인 것이다."

— 하루야마 시게오, 『뇌내혁명』 중에서

3장

지금 당장 행복해지는

7가지 긍정 확언

01

말하는 대로 이루어진다

말은 생각을 담는 그릇이다.
생각이 맑고 고요하면 말도 맑고 고요하게 나온다.

– 법정 스님 –

말이 씨가 된다는 말이 있다. 말도 씨앗처럼 심으면 자라서 싹을 틔우고 꽃을 피울 수 있다는 얘기다. 말은 입 밖으로 나오는 순간 그냥 없어지고 마는 게 아니다. 그것은 잘못된 생각이다. 어떤 형태로든 그 말은 우리에게 반드시 영향을 준다. 내 삶에 어떤 모양의 꽃을 피우게 될지는 지금 내가 하는 말이 얼마나 긍정적이냐에 달려 있다.

말은 곧 그 사람의 생각이다. 생각이 우리의 인생을 바꾼다. 그것이 바로 우리가 늘 긍정적인 생각과 말을 해야 하는 이유이다. 긍정적인 에너지를 가진 말에는 강력한 생명력이 들어 있다. 누군가에게는 힘과 용기를 주기도 하고 비전이 되기도 한다. 지금 당신이 어떤 말을 하고 있는지 반드시 점검해볼 필요가 있는 것이다.

간절한 마음을 담은 말에는 에너지가 고도로 응축되어 있다고 했다. 그래서 말은 현실을 바꾸게 만드는 힘을 발휘하는 것이다. 부정적인 단어 혹은 문장을 말하면, 신체 능력이 떨어지거나 부정적인 행동을 일으킨다. 반면 긍정적인 단어나 문장을 말하면 신체 능력을 높이고 긍정적인 행동을 하게끔 애쓰게 된다.

긍정의 언어로 말하기 위해서는 우선 내가 원하는 것, 되고 싶은 것, 하고 싶은 것이 무엇인지 써보라. 자기 자신이 소망하는 것들에는 긍정적인 마음이 들게 마련이다. 단지 쓰는 것으로 끝내는 게 아니라 입으로 말하는 게 무엇보다 중요하다. 자신에 대해서 써보고 그것을 나의 목소리로 직접 말하고 들어보라. 그러면 그 꿈들이 과연 내가 진정으로 원하는 것이었는지 알게 된다. 그동안 잘 몰랐던 자신에 대해 깨닫게 되는 것이다.

내가 원하는 것을 쓰고 매일매일 말해보라. 그것이 현실인 것처럼 확신을 가지고 수없이 반복하라. 그러면 어느새 소원한 대로 변해 있는 자신의 모습을 마주하게 될 것이다. '수리수리마수리! 아브라카다브라! 말하는 대로 다 이루어진다!' 확언은 마음속에 의도적으로 새로운 씨앗을 심는 작업이다. 그것은 당신이 원하는 삶의 목표와 방향이 일치해야 한다. 생각만 해도 당신의 가슴을 설레게 하는 말이어야 한다. 그럴 때 당신의 목표가 어떻게 달성될지에 관심을 둘 필요는 없다.

꿈이나 목표가 언제 이뤄질 것인지에 대해서도 신경을 쓰지 마라. '5년 후나 어쩌면 10년이 걸릴지도 몰라.' 하는 식의 생각은 일방적인 착각이다. 바로 내일 당장 이루어질 수도 있다. 그러므로 아무리 큰 꿈이라도 이미 실현됐다는 마음으로 확언하는 것이다. 지금의 현실과 다르다 해도 상관없다.

현재형에 일인칭의 문장으로 긍정적인 말을 하라. 과거도 없고 미래도 아니다. 꿈이 이루어지는 건 언제나 현재의 일이다. '나는'으로 시작하는 일인칭의 말이 스스로에 확신을 준다. 거기에 생생한 상상과 함께라면 금상첨화다. 누가 뭐라 하든 당신의 인생은 당신 스스로가 창조하는 것이다.

사실상 우리는 평소에도 끊임없이 확언하고 있다. 매일 하게 되는 우리 마음속의 말이나 일상적인 대화가 그것이다. 이러한 확언은 항상 우리를 '아무것도 되는 게 없는' 현 상태에 머무르게 만든다. 제대로 된 확언을 사용해야 한다. 그러면 당신 앞에 새로운 현실이 펼쳐지는 것을 보게 될 것이다.

무슨 일이든 쉽게 포기하고, 딱히 의욕도 없으며 항상 부정적인 말을 쏟아내는 사람들이 있다. 그런 사람들은 목표가 명확하지 않다. 그래서 아무리 좋은 방법을 알고 있다 한들 행동으로 옮기는 걸 주저하게 된다. 성공하지 못하는 게 당연하다. 하지만 긍정적인 자기 암시를 하면서 확실한 목표를 가지고 행동하는 사람들은 더 빨리 성공에 이른다. 목표가 있는 사람과 그렇지 않은 사람은 인생의 출발점부터 다른 것이다. 내가 가장 원하고 되고 싶고 하고 싶은 게 뭔지 확실히 파악하는 게 중요하다.

요즘 같은 경제 위기에는 입만 열었다 하면 '힘들다.', '죽을 것 같다.'라는 소리가 사방에서 들려온다. 불평불만을 말하는 사람이 엄청난 숫자로 늘어나고 있다. 그러나 경기가 아무리 안 좋아도 성공하는 사람들은 분명히 존재한다는 사실에 주목해야 한다.

그렇다면 성공하는 사람들과 실패하는 사람들의 차이는 대체 무엇일까? 세계적인 영화감독 스티븐 스필버그는 고교 시절 세계적인 영화감독이 되겠다고 선언했다. 아카데미 시상식에 참석해서 상을 타고 관객들에게 인사하는 장면을 상상했다. 그의 꿈을 모르는 친구들이 없었을 정도로 그는 구체적으로 그의 꿈을 계속해서 말했다. 그는 성공한 영화감독들이 입는 최고급 양복에 고급 브리프 케이스를 들고 할리우드를 어슬렁거렸다. 그 태도가 얼마나 당당했던지 영화 관계자들이 꾸벅 절을 하는 일도 많았다고 한다. 그리고 실제로 그가 공언한 대로 모두 이뤄냈다.

유명한 권투 선수 무하마드 알리는 경기에 앞서 꼭 한마디씩 명언을 남기곤 했다. 우리에게 익숙한 "나비처럼 날아서 벌처럼 쏘겠다."도 그의 말이다. 수많은 승리를 거머쥔 그가 나중에 이렇게 고백했다. "나의 승리의 반은 주먹이었고, 나머지 반은 말에 있었다."라고. 이같이 성공한 사람들은 늘 자기 자신을 믿었다. 항상 긍정적인 말을 적극적으로 표현하고 반복함으로써 성공을 쟁취했다. 자신의 꿈을 언제나 큰 소리로 자신만만하게 외쳐라. 가족이나 친구들에게 말하는 것도 성공 의지를 다지는 데 도움이 될 수 있다.

사람의 뇌는 말하는 대로 프로그래밍 된다. 평소 실패할지도 모른다는 부정적인 생각으로 만들어진 뇌 프로그램이 항상 일을 망치는 것이다. 이런 부정적인 뇌 프로그램을 긍정적인 뇌 프로그램으로 바꾸는 방법이 '말하기'이다. 말은 입에서 나와 귀로 들어간다. 귀를 통해 들어간 말은 뇌로 전달된다. 뇌에서 말은 생각으로 바뀐다. 말이 생각이고 생각이 인생을 바꾼다는 대명제가 만들어지는 것이다.

'사람의 뇌는 매일 사용하는 언어로 세뇌가 된다.'라고 뇌 전문가들은 말한다. 이제부터는 할 수 있다는 자신감을 가지고 긍정적인 뇌로 만들어라. 자신이 원하는 바를 스스로에 반복해서 들려주면 아주 쉽게 성공하는 뇌로 바뀔 수 있다. 성공하는 인생이길 원한다면 지금 당장 말하기 습관을 고쳐야 한다.

"나는 점점 좋아지고 있다"는 말을 하루 동안 되풀이해서 말하면 아픈 사람의 병세도 호전된다고 한다. 이는 믿음을 가지고 하는 말이 얼마나 놀라운 효과를 낼 수 있는지를 보여준다. 자신을 칭찬하는 말을 되풀이해서 자신에게 들려줘보라. 칭찬은 자신감을 길러주는 특효약이다. 자기 자신을 자랑스러워하게 되면 긍정의 힘이 길러진다. 자기를 부정하는 뇌 속의 사고방식이 나도 할 수 있다는 자신감 넘치는 성공 의지로 탈바꿈한다. 기적을 원한다면 당신이 하는 말부터 바꾸라.

확언할 때는 마음속으로만 하지 말고 직접 거울을 보고 자신의 눈을 응시한 채 말해보라. 얼굴에 가득 미소를 띤 채, 말을 되풀이해서 뇌에 입력시켜라. 그러면 우리의 뇌는 반복되는 말에 자극을 받아 더욱 활성화된다. 이제 내가 확언한 그대로 일을 만들기 위해 우리의 뇌가 작용하기 시작한다. 나도 모르게 꿈을 이룰 긍정의 행동을 하게 될 것이다. 일상생활의 언어를 긍정적으로 바꾸는 것부터 시작하라. 늘 '나는 안 돼! 나는 못 해!'와 같은 부정적인 말투에서 그만 벗어나라. 푸념한다고 바뀌는 것은 없지 않은가? 뇌에 부정적인 프로그램을 고착시키는 바보 같은 짓은 더는 하지 말아야 한다. 어떻게 하면 나의 뇌를 긍정적으로 만들지만 생각하라.

'나는 진짜 운이 좋은 사람이야.', '내가 하는 일은 뭐든지 다 잘 풀려.', '나는 정말 풍요로워.', '나는 건강하고 아름다워.' 뭐든 좋다. 이처럼 긍정적으로 말하는 습관을 지녀라. 자기가 원하는 미래의 모습을 지속해서 뇌에 입력시켜라. 그리하여 잠재의식을 만들고, 그 잠재의식이 알아서 일하게 하라. 모든 것은 내가 말하는 대로 이루어진다는 것을 확신하라.

초등학생 때의 일로 기억한다. 막내로 자라면서 좀 버릇이 없었을까? 난 두 살 위 언니를 언니라고 잘 부르지 않았다. 자매끼리는 늘 그렇듯 그날도 별거 아닌 일로 다툼이 생겼다. 정확한 기억은 안 나지만 싸우면서 역시나 언니라고 부르지 않은 게 화근이 됐다. 그러고는 잔다고 누웠는데 엄마랑 아버지가 밖에서 말씀하시는 소리가 들려왔다. 아무래도 내일 야단을 좀 쳐야겠다는 요지의 대화였다. 어린 마음에 난 혼날지도 모른다는 두려움에 떠느라 잠을 못 이루고 뒤척이기 시작했다.

그러면서 자꾸 어떤 생각과 말을 되풀이하고 있었다. '몸이 아프면 야단을 안 맞을지도 몰라. 맞아, 그럴 거야.' 나는 계속해서 한쪽 팔이나 다리가 아파서 병원에 가게 되면 좋겠다고 속으로 중얼거리고 있었다. 다음 날 아침, 난 진짜로 팔 한쪽이 불편함을 느꼈고 결국 병원에 가서 반 깁스를 해야 했다. 물론 소원대로 전날 밤의 일에 대해선 한마디 얘기도 나오지 않았다. 자랑스럽게 하는 얘기가 아니다. 지금 와서 돌이켜보면 밤새 나의 무의식이 얼마나 몸을 불편하게 만들었을 지가 그려진다. 말하는 대로, 생각하는 대로의 가장 안 좋은 사례를 내가 가지고 있음을 고백하는 바이다.

내 삶은 매일 더 나아지고 있다

삶을 사는 방식에는 오직 두 가지가 있다.
모든 것을 기적이라고 믿는 것과 기적은 없다고 믿는 것이다.

─ 아인슈타인 ─

우리의 삶은 엄마 뱃속에 잉태되는 순간부터 시작된다. 기억나진 않겠지만 당신이 태어난 그때를 한번 떠올려보라. 사랑받기 위해 태어난 아주 작고 귀한 존재가 있다. 그가 바로 당신이다. 당신은 그때도 지금도 사랑받고 있다는 것을 알아야 한다. "당신은 사랑받기 위해 태어난 사람~. 당신의 삶 속에서 그 사랑 받고 있지요~. 당신은 사랑받기 위해 태어난 사람~. 지금도 그 사랑 받고 있지요~."

지금 당신의 삶은 어떤 모습을 하고 있는가? 여전히 사랑받는 삶이 계속되고 있을 수 있다. 아니면 내 인생은 이미 망쳤다고 한탄하고 있는 경우일 수도 있다. 어느 쪽의 모습이든 그건 모두가 전적으로 당신 책임이다. 분명 당신은 매일 자기 자신의 삶을 응원하는 말을 했을 것이다. 반대의 경우엔 언제나 상처 주는 말을 하면서 살아왔을 것이다.

'나는 왜 이렇게 못났지?', '나는 행복하지 않아.', '나는 뭘 해도 안 되는구나!', '내 삶은 최악이야!' 다른 사람들은 당신에게 절대 그런 식으로 말하지 않는다. 오로지 당신 자신만이 스스로에 저주처럼 퍼붓는 말들이다. 그리고 어처구니없게도 자기가 한 말을 그대로 믿으며 괴로워한다.

살면서 받은 상처, 미래에 대한 불안은 누구에게나 부정적인 감정을 만들어낸다. 그러나 이 감정을 크게 받아들이며 괴로워할지, 인정하고 떠나보낼지는 당신의 선택이다. 지난 과거와 불확실한 미래는 지금 존재하지 않는다. 그저 한 장의 이미지일 뿐이다. 지나치게 휘둘리며 살아갈 이유가 전혀 없다는 말이다.

생각과 감정은 당신의 자아를 형성한다. 그러나 우리 대부분은 긍정적이고 행복한 자아를 만들지 못한다. 이유가 무엇일까? 생각도 감정도 스스로 통제하지 못하기 때문이다. 부정적인 사고와 그에 딸려오는 무기력한 감정이 만들어낸 당신의 자아는 진짜가 아니다. 거짓 자아에 압도되어 두려움에 떨고 살아가는 삶에서 벗어나야 한다. 그러려면 그것에게 힘을 실어줘서는 안 된다. 부정적 생각과 나쁜 감정이 올라올 때 같이 흥분하여 행동하지 마라. 그저 바라보고 인정해주어라. 온전히 받아들여주고 당신의 머릿속, 마음속에서 떠나갈 때까지 조용히 기다려주어라. 그렇게 자꾸만 감정 다루는 연습을 해야 한다. 나중에는 신기하게도 그 모든 것들이 점점 사라지는 경험을 하게 될 것이다.

마음속에 떠오르는 감정이란 것은 잔잔한 바다에 일렁이는 파도일 뿐이다. 파도가 치는 건 아주 잠깐씩이다. 이내 바다는 다시 잠잠해진다. 우리 마음도 이와 같다. 바다가 파도를 지켜봐주듯이 감정에 휩쓸려 들어가지만 않으면 된다. 모든 정답은 당신 안에 있다. 당신의 삶이 진정으로 행복하기를 원한다면 진짜 자아를 찾아라. 당신의 생각을 긍정적으로 바꾸고 좋은 감정을 가져라. 갑작스럽게 하려면 쉽지는 않을 것이다. 그러나 당신의 인생을 바꾸는 일이다. 무조건 도전하라.

사랑받기 위해 태어난 존재라는 것을 먼저 기억하라. 그리고 당당하게 확언하라. 우리는 누구나 자신감 넘치는 확언을 통해 원하는 삶을 이룰 수 있다. 우리에게 필요한 것은 태어나는 순간 이미 모두 받았다. 당신 존재의 근원인 이 우주는 당신의 긍정적인 말에 화답할 것이다. 나는 사랑 받는다고 믿고 말하면 당신은 사랑 그 자체가 된다. 나는 풍요롭다고 믿고 말하면 당신의 인생은 더할 수 없이 풍요로워진다.

당신의 생각은 우주로 가 닿는다. 당신이 말하고 느끼는 것은 무조건 받게 되어 있다. 스스로에 상처를 주는 말들을 이제는 그만둘 때가 되었다. 멈춰라. 그리고 앞으로는 당신 자신에게 따뜻한 위로의 말을 건네라. 긍정 확언으로 당신의 삶을 일으켜 세워라. 사람들은 누구나 행복하길 원한다. 그래서 당신은 지금 행복한가? 만약 그렇지 않다면 당신의 삶에 대한 태도부터 바꿔야 한다. 고통 속에서도 긍정적인 부분을 찾아내고, 순간 화가 나더라도 뒤이어 차분히 그 감정을 바라볼 줄 알아야 한다. 생각처럼 되지 않아도 포기하지 마라. 행복해지고 싶다면 당연히 그 방법을 배우고 실천으로 옮겨야 한다.

현재가 불행하다고 생각하는 사람들은 아마도 주변 환경 탓을 가장 많이 할 것이다. 나를 힘들게 하는 사람들과 이 불공평한 세상 때문이라고 여기고 있을지도 모르겠다. 그렇지 않은가? 설령 그렇다 하더라도 우리가 물리적으로 해결할 수 있는 문제는 아니다. 그러나 당신의 주변 환경이 나름 괜찮다고 여길 딱 한 가지 방법이 있다.

그것은 바로 자기 삶에 대한 당신의 생각을 바꾸는 것이다. 다른 사람의 생각은 맘대로 할 수 없지만, 당신의 생각은 자신만이 바꿀 수 있다. 부정적인 생각은 불행한 상황을 만들고 부정적 에너지를 가진 사람을 끌어온다. 반면에 긍정적인 시각을 가지면 즐거운 일들과 좋은 사람들을 끌어당기게 된다. 우리는 몸을 건강하게 만들기 위해 운동을 한다. 그렇다면 마음을 건강하게 만들기 위해서 당신은 무슨 노력을 하고 있는가? 신체적인 건강이 우리 삶의 행복에 차지하는 비중은 적지 않다. 그러나 그것만으로 채워지지 않는 것 또한 분명한 사실이다. 운동에만 정성을 쏟지 말고 건강한 마음 에너지를 키울 수 있는 무언가를 해야 한다. 바로 긍정적인 확언하기가 그것이다. 매일 자기 자신에게 반복하여 말하라. '나는 건강하다.', '나는 풍요롭다.', '내 삶은 행운으로 가득해.'

반복적인 말은 우리 무의식에 저장이 된다. 긍정적인 에너지로 마음이 가득 차오른다. 무슨 일이든 할 수 있겠다는 자신감이 내면에서부터 올라온다. 자신감은 삶에 큰 활력이 된다. 그때부터 당신의 삶은 변화되기 시작할 것이다. 행복한 삶의 문을 열고 들어서라. 주저하지 말고 지금 당당히 선언하라. 내 삶은 매일 더 나아지고 있다! 내 삶은 매일 더 나아지고 있다! 내 삶은 매일 더 나아지고 있다!

이 생에서의 나의 삶은 딱 한 번뿐이라 가장 나답게 사는 길을 찾아야 한다. 가장 나다운 것, 즉 나의 소명은 무엇일까? 그 길을 찾는 것은 말처럼 쉽지만은 않다. 우리는 그 해답을 찾기 위해 끊임없이 세상을 내다보고 주위 사람들의 이야기에 귀를 기울인다. 하지만 진정한 나의 소명은 그렇게 해서 찾아지는 게 아니다. 밖이 아니라 내 안을 들여다봐야 한다.

나의 내면의 목소리를 제대로 들어야 한다.

　태어날 때부터 선물로 받은 나만의 재능이 무엇이었는지 한번 생각해 보라. 살아오면서 느꼈던 좌절과 고난 속에서 깨닫게 된 나만의 가치가 무엇이었나를 돌이켜보라. 나와 내 주변을 향한 마음속 연민이 무엇인지 느껴보라. 이 세상과 어떤 방법으로 소통하며 살아가고 싶은지 진지하게 자문해보라. 이처럼 '나는 누구인가?'라는 질문에서부터 나의 소명 찾기 는 시작된다. 나는 누구이고. 내가 원하는 삶은 무엇인가? 내 삶의 목적 을 찾기 위해 난 무엇을 해야 할까? 마음속 깊이 숨어 있는 정직한 답을 할 수 있어야만 이 지구상에서 자기 본연의 자리를 찾을 수 있다. 그때 비로소 우리는 이 세상의 모든 존재와 더불어 호흡하게 되는 것이다.

　인간은 누구나 이 세상에 태어난 목적이 있다고 했다. 그렇다면 내게 주어진 소명은 무엇이었을까? 이 지구상에 태어나 나는 무엇을 이루고 가야 할 것인가? 그런 고민을 살면서 안 해본 건 아니었다. 그러나 남과 다를 바 없는 일상에, 어쩌면 더 무미건조한 삶을 이어오면서 아예 잊고 지냈었다.

　특별히 기억나는 어릴 적 소망은 가족들의 바람막이가 되어주고 싶다 는 것이었다. 힘들거나 고통스러운 일이 생기면 대신 내가 그것을 감당하게 해주십사 막연히 기도했었다. 왜 그런 생각을 했는지는 나도 모른다. 그저 막연히, 내가 아프고 내가 견디는 게 차라리 낫겠다는 마음이 항상 들었기 때문이다.

지금의 나의 소망은 세상 사람들에게 내 삶이 증거가 되기를 바라는 것이다. 지극히 평범한 사람 누구라도 마음의 힘을 사용하면 행복해질 수 있다는 걸 보여주고 싶다. 더 나아가 꿈을 이루고 풍요로운 삶을 누릴 수 있다는 걸 증명해 보이고 싶다. 그 시작으로 나는 이 책을 쓰고 있다. 완성형이 아니라 진행형의 모습으로 더불어 같이 이루고 싶은 마음이다. '나는 사랑이 넘치는 엄마이며, 풍요의 메신저이고, 마음 코칭 지도자이다!'

자신의 소명을 찾으면 하루하루의 삶이 기쁨으로 넘친다. 고단함은 활력이 되고 바쁜 생활은 보람으로 바뀐다. 우리의 소명은 참 자아의 모습을 발견하는 것이다. 그리고 그 소명을 통해 마침내 자아 성장의 길을 걷게 된다. 본래 주어진 소명을 찾을 때야 비로소 당신은 이 지구상에 태어난 이유를 알게 될 것이다. 이 땅에 살면서 자기 할 일을 다 하고 떠나야 한다. 당신이 누구든 어떤 모습이든 상관없다. 지금 그대로도 충분하다. 당신의 삶은 소명을 향한 길 위에서 매일 더 나아지고 있음을 자신 있게 선언하라.

03

오늘은 정말로 좋은 날이 될 거야

오늘은 왠지 좋은 일들이 많이 생겨서
두고두고 기억해도 좋은 그런 날일 것 같습니다.

– 오광수 시인 –

하루하루가 힘든 나날의 연속이다. 코로나로 전 세계가 마비되다시피 한, 이런 전무후무한 시기가 닥쳐올 줄이야 어느 누가 생각이나 했겠는 가. 역시 삶이란 건 어떻게 흘러갈지 아무도 알 수 없다. 그러니 한 치 앞도 모르는 게 인생이라 하지 않던가? 하지만 이 상황은 사람들 모두에게 거의 똑같이 주어졌다. 내 뜻대로 돌아가지 않는 하루를 어떻게 마주하고 살아갈지는 개개인의 몫이다. 오늘은 정말로 좋은 날이 될 거라고 말하면서 하루를 시작하는 것은 어떤가?

몇 년 만에 처음 찾아오는 추위라고 하더니 과연 그랬다. 밤새 눈이 많이 내렸으니 도로는 그야말로 살얼음판이 되어 있을 게 뻔했다. 평소보다 오늘은 좀 빨리 집을 나서야 한다. 앞 근무자랑 제시간에 교대하려면 어쩔 수 없다. 출근하기 전부터 이런저런 걱정에 한숨만 푹푹 내쉬며 하루를 시작한다.

지난밤 잠을 설친 탓에 온몸이 찌뿌둥하다. 억지로 몸을 일으키고 고양이 세수에 주섬주섬 옷을 껴입는다. 차를 꺼내러 지하주차장으로 들어선 순간, 내 차 앞에 떡하니 일렬 주차된 SUV 자동차가 왠지 께름칙하다. 에이 그래도 막아선 차가 빠져나갈 수 있게 조치는 해놨겠지 했는데 설마가 역시 사람을 잡는다.

아무도 밀어도 꿈쩍하지 않는 차에 전화를 걸어도 받지도 않는다. 결국, 아파트 경비아저씨께 부탁해놓고 10분 이상을 차 앞에서 발만 동동 굴렀다. 까치집을 머리에 이고 눈을 비비며 나온 남자가 차를 뺀다. 잔뜩 열이 난 상태로 우여곡절 끝에 나선 도로는 그야말로 거대한 주차장으로 변해 있었다. 전혀 속도를 못 내는 차 안에서 부글부글 속만 타들어간다.

기어왔는지 끌고 왔는지 헷갈릴 만한 시간이 지나 겨우 편의점 앞에 도착했다. 하필 오늘따라 급하게 가야 할 데가 있어 더는 못 기다린다는 통화를 했었지만 난 혹시나 했었다. 그러나 이미 앞 근무자는 가고 없었다. 잠겨 있는 문을 열면서 '손님을 얼마나 놓친 거야?' 하는 생각에 화가 치민다.

설상가상은 이럴 때 쓰는 말일 것이다. 지난밤 강추위에 수도가 터져 물이 안 나온다. 고객센터를 통해 설비기사를 불렀지만 녹이는 데 비용이 얼마라는 얘기가 먼저다. 그마저도 이런 추위가 계속 이어지면 다시 얼 수도 있으니 그 이후까진 장담 못 한단다. 날이 풀리기만 바라야 하는 상황이 벌어졌다. 달리 방법이 없으니 포기하는 수밖에는 없었다.

그런데 오늘따라 들어오는 손님마다 그야말로 다 진상이다. 인사를 해도 들은 척도 안 하는 사람. 물건이 왜 없냐고 시비 거는 사람. 계산대 앞에서 돈을 틱 하고 던지는 사람. 담배 그림 보기 좋은 것으로 바꿔 달라는 사람. 비닐봉지 그냥 안 준다고 나무라는 사람. '아니, 도대체 나보고 어쩌란 거야?'

당신의 오늘 하루는 어땠는가? 아침에 잠 깨는 순간부터 하루를 마무리하는 저녁 시간까지 어떤 모습으로 살았는지 한번 생각해보라.

나의 그 운수 나쁜 날은 대여한 도서를 반납하러 들른 도서관에서 자동차 접촉사고로 끝이 났다. 과연 무엇이 잘못되었던 걸까?

눈 뜨는 아침, 몸이 개운치 않아도 목운동 한번 하며 기분 좋게 시작해야 했다. 어차피 집을 나서 찬 공기를 쐬면 상쾌해질 거였다. SUV 자동차 차주는 자세히 보면 내 아들보다 약간 더 나이 먹은 듯 보이는 아직 젊은이였다. '전날 무슨 힘든 일이 있었겠지!' 사람이니까 깜빡할 수도 있는 일이었다.

날씨는 내가 어쩔 수 있는 문제가 아니다. '한겨울이니까 추운 거는 당연한 거고 눈도 오고 길도 어는 게지!' 예전에 어떤 모임에 참석했던 이곳 시장님 말에 의하면, 눈 오는 날에는 공무원들이 밤새 잠도 못 자고 제설 작업을 한다고 했었다. 그나마 큰 도로에 들어서서는 제법 속도가 나지 않았는가.

직원은 고맙게도 날 위해 20분이나 더 일을 해주었다. 약속이 늦을 수도 있었는데 얼마나 고마운 일인가. 그리고 문이 닫혀 있던 시간은 15분 남짓이었으니 추운 날씨에 손님도 거의 없었을 터였다. 동파가 안 났으면 좋았겠지만 뭐 어쩌겠는가? 날이 빨리 풀리기를 기도하는 편이 훨씬 더 나은 방법이었다.

진상 짓을 하는 손님은 그저 혼자 떠들다 제풀에 지치도록 기다리면 된다는 건 익히 경험으로 아는 바였다. 내 맘을 다칠 필요는 없었다. 내가 잘못된 게 아니라 솔직히 그들의 인성이 문제 아닌가. 그러나 그날 난 그러지 못했고 끝까지 그날 하루를 운수 나쁜 날로 만들고 나서야 하루 가 저물었다.

혹시 당신도 그날의 나와 같은 미련한 하루를 보내고 있지는 않은가? 돌이켜보면 종종거리고 화낸다고 해결되는 것은 단 하나도 없다. 오히려 자기 자신만 한심하고 초라해질 뿐이다. 그런데도 우리는 다람쥐 쳇바퀴 돌 듯 내 삶을 내 뜻대로 하지 못하며 살아간다.

사람들은 대부분 해결할 수 없는 일에 정신이 팔려 일상의 소소한 행 복은 놓쳐버리고 만다. 당신의 인생이 진정 행복으로 가득 차길 원한다 면 오늘 하루를 제대로 살아야 한다. 오늘과 같이 사소한 하루하루가 모 여 당신의 인생이 만들어지기 때문이다. 오늘 하루 동안 만날 수 있는 자 그마한 일 하나에도 의미를 두고 살아가라. 기대했든 안 했든 내게 주어 진 일들과 기꺼이 악수하면서 하루를 보내야 한다. 이건 내가 원하던 게 아니라고 불평하면서 하루를 낭비하고 마는 것은 바보 같은 짓이다.

완벽한 하루라는 것은 있을 수가 없다. 잘 풀리기도 하고 어디선가 어 긋나기도 한다. 기분이 좋은 일도 속상한 일도 생긴다. 마냥 행복할 수만 도 없고 그렇다고 24시간 내내 힘든 일만 있지도 않다. 오르락내리락, 왔다 갔다 하는 오늘이란 무대 위에서 무게 중심을 잡고 있어야 할 사람은 바로 당신이다.

주위 사람들을 한번 보라. 남들보다 뒤쳐질까 두려워 앞만 보고 열심히 달려간다. 어디로 가는지, 어디만큼 와 있는지도 모른다. 무엇을 위해 가는지도 어느 순간엔 잊어버린다. 나의 하루가, 나의 오늘이 어떤 모습으로 펼쳐졌는지 관심도 없다. 지금 나의 모습이 그렇지는 않은지 되돌아봐야 한다. 삶의 목표를 잃고 우왕좌왕하고 있는 사람이 혹시 내가 아닌지, 멋진 미래를 위해서라면 오늘 하루쯤은 희생해도 된다는 착각 속에 살아가고 있지는 않은지 말이다.

하지만 걱정하지는 마라. 그 길이 아닌 것 같으면 돌아가면 된다. 다시 또 새롭게 시작하면 된다. 언제나 당신 앞에는 새로운 하루가 놓여 있다. 이제부터는 마음을 다해서 하루를 살아가라. 당신의 하루를 반짝이는 오늘로 만들어라. 날씨가 궂다고 당신의 마음까지 울상을 하고 있을 필요는 없지 않은가? 현실 날씨에 비가 내리면 마음 날씨는 쾌청 모드로 맞춰놓으면 될 일이다. 안 좋은 일은 누구에게나 일어날 수 있다. 그렇다고 모든 사람이 불행하다고 생각하진 않는다.

엎친 데 또 덮칠 거라고 미리 걱정하고 불안해하는 사람들이 있다. 하지만 그걸 누가 장담하는가? 마치 제발 또 다른 불행이 어서 내게 오라고 불러들이고 있는 꼴이다. 설령 그렇게 된다 한들 그때 닥쳐서 해결할 수밖에 없는 일을 왜 지금 걱정하고 있느냐 말이다. 모든 상황을 긍정적으로 바라보는 사람이 안 좋은 상황에서도 빨리 벗어날 수 있다. 어떤 생각을 하고 있느냐에 따라 당신의 하루는 밝게도 어둡게도 채색될 수 있다. 부드럽고 아름다운 파스텔톤의 하루를 만들어가기로 마음만 먹으면 다 된다.

당신은 우산 장수 아들과 짚신 장수 아들, 둘을 둔 엄마이다. 오늘 하루를 어떤 마음으로 살겠는가? 비가 오면 짚신 장수 아들 걱정에 울고, 날이 좋으면 우산 장수 아들 걱정에 울면서 살고 있지는 않은지 돌아보라. 생각을 조금만 달리하면 해답이 보이고 삶이 행복해진다. 비가 와서 좋은 날이 되고, 화창하게 맑은 오늘이라서 또 좋은 날인 것이다.

오늘은 좋은 날이다. 따뜻한 침대에서 눈 뜰 수 있어 좋다. 부지런히 준비하고 나갈 일터가 있어 좋다. 한겨울 쨍한 추위에도 아침 상쾌한 공기가 나를 맞아주니 좋다. 편리하게 출근길을 책임져주는 자동차가 있어 좋다. 서로 인사 나누며 웃을 수 있는 다채로운 사람들을 만날 수 있어 좋다. 모두가 힘들어하는 경제 위기에도 집안 살림을 받쳐줄 만큼의 장사는 되어주니 좋다. 고단한 퇴근길, 환호성 치며 반겨주는 자식들이 있어 좋다. 오늘은 참 좋은 날이다.

당신의 오늘을 사랑하라. 아침잠에서 깨는 순간 오늘은 정말 좋은 날이 될 거라고 외쳐라. 오늘 하루의 소중함을 잊은 채 되는 대로 살아가는 무기력에서 벗어나야 행복이 찾아온다. 지금 여기, 오늘의 행복을 제대로 찾아서 누려라. '오늘은 정말 좋은 날이 될 거야, 웃을 일이 참 많을 거니까.' '오늘은 정말 좋은 날이 될 거야, 감사할 일이 마구 생길 거니까.' '오늘은 참 좋은 날이 될 거야, 언제나처럼 내게 행운이 쏟아져 들어올 거니까.' 당신에게도 나에게도 그리고 우리 모두에게도 오늘은 정말 좋은 날이 될 거다.

나는 돈을 자석처럼 끌어당긴다

돈은 현악기와 같다. 그것을 적절히
사용할 줄 모르는 사람은 불협화음을 듣게 된다.

- 존 에릭슨 -

　나는 부자다. 돈 걱정을 하지 않는 사람을 부자라고 한다면 바로 내가 그렇다. 나는 어릴 적부터도 그랬다. 설날에 동네 어른들께 세배하고 다니는 게 즐거웠다. 세뱃돈을 받으면 신이 났다. 가지고 있다가 오빠, 언니에게 나눠줄 수 있기 때문이었다. 미숙아로 태어나 생각이 많이 늦돼서 그랬을지는 몰라도 암튼 나는 돈에 대해 크게 생각하지 않았다.

　초등학교 시절 매달 내는 월사금을 밀려서 선생님께 이름이 불려 일어서 있어도 괜찮았다. 친구들이 이것저것 군것질을 하고 나는 그럴 수 없는 데도 이상하지 않았다. 그냥 당연한 거였다. 학교가 끝나고 집으로 돌아오는 길, 일하고 계시던 아버지가 주신 10원짜리 한 장을 들고 하드 사 먹으려고 달려갈 때가 마냥 행복했다.

아궁이 땔감으로 모아놓은 나무판자에 박힌 못을 빼내고, 빈 병뚜껑을 모아 고물상에 가져가면 돈을 줬다. 매달 학교에서 진행하던 적금통장에 돈을 넣는 뿌듯함에 정말 온 동네를 부지런히 찾으며 돌아다녔다. 초등학교 4학년부터였으니까 졸업 때까지 3년 동안 돈을 모은 것이었다. 금액이 얼마였는지는 기억 안 나지만 그 돈은 중학교 입학 비용에 보태졌다.

중학교 시절 준비물을 못 사고 학교에 가게 돼도 받아들였다. 처음엔 책가방을 든 채 방문 앞에 서 있어보기도 했지만, 엄마만 더 난처하게 만들었다. 그냥 옆 반 친구에게 빌리거나 선생님께 한번 혼나고 나면 지나갈 일이었다. 왜 우리집은 가난하고 돈이 없는지 속상해한 적은 없었다. 지금 생각하면 그런 내가 나도 신기하다.

고등학교 입학하기 직전 교복 자율화가 시작되어 난감해졌다. 공휴일에도 외출복은 당연히 교복이었는데 말이다. 그러나 내게는 알뜰살뜰 용돈 모아 옷을 사 입던 언니가 있다. 체격도 거의 비슷하다. 그때부터 나는 전담 코디네이터의 옷을 나눠 입기 시작했다. 그래서 그런지 지금도 나는 옷을 잘 사 입을 줄 모른다.

대학 때도 크게 다르지 않았다. 여느 여대생처럼 옷차림이나 화장하는 것에 아무런 관심이 없었다. 그러다 보니 등록금과 책값 외에 딱히 필요한 돈은 교통비와 식대가 전부였다. 장학금을 못 받는 학기에는 부모님께 죄송스러웠지만, 그때는 그래도 집안 형편이 조금 나아졌을 때였다. 나는 오히려 남는 용돈을 은행에 꼬박꼬박 저축했다.

워낙 가진 게 없는 사람과 결혼해 살면서도 예의 그 돈을 대하는 내 입장은 변하지 않았다. 씀씀이보다는 저축에 더 집중된 생활이었다. 한번은 매번 아이가 원하는 걸 못 사주니 궁여지책으로 아빠만 일해서 그렇다고 말을 돌린 적이 있었다.

"옆집 영웅이네 집도 아빠 혼자 돈 벌러 다니는데 왜 걔는 장난감이 많아요?"

되돌아온 아들의 천진난만한 질문에 안쓰러운 마음이 들기도 했다.

그 당시는 전업주부로, 내가 직접 돈을 버는 게 아니라서 더 그렇기도 했다. 외식이라면 아이들 데리고 압구정김밥 같은 분식집이 대부분이었다. 한우 소고기나 횟집이 주 외식 장소라는 위층 아줌마의 얘기를 듣고 속으로 혼자 엄청나게 놀란 적도 있었다. 사실 돈이 쪼들려서가 아니었다. 제대로 돈을 쓸 줄 몰랐던 탓이었다. 돈은 움켜쥔다고 모이는 게 아니다. 또 그렇게 모인 돈은 행복하지 않다는 걸 이제는 너무 잘 안다.

『시크릿』을 접하고 나는 처음으로 끌어당김의 법칙이라는 말을 배웠다. 비슷한 에너지끼리는 자석처럼 서로 끌어당긴다는 얘기다. 이 법칙은 모든 생각과 아이디어, 상황과 환경까지 끌어당긴다고 한다. 거기에 당신과 유사한 사람까지도. 그렇다면 현재의 내 삶은 전부 다 내가 끌어당긴 것들로 채워져 있다는 뜻이 된다. 내가 지금 행복하든 아니든 전적으로 다 내 책임인 셈이다. 뿌린 대로 거둔다는 속담에도 딱 들어맞는 이론이었다. 끌어당김의 법칙에 푹 빠져든 나는 또 다른, 우주의 힘에 관한 책들을 찾아 읽기 시작했다.

"부는, 물질적인 풍족은 물론 정신적으로 충만한 만족을 누리는 삶을 뜻하는 것으로 부자가 되고 싶은 욕망은 인간으로서 당연히 품어야 할 욕망이므로 잘못된 것이 아니다."

— 캐서린 폰더, 『부의 법칙』 중에서

우주는 에너지 장으로 되어 있다. 따라서 우주 안에 존재하는 모든 것들도 에너지, 즉 각자 고유의 진동과 파동을 가지고 있다. 우리가 생각하는 대로 끌려온다는 법칙 또한, 그러한 에너지 작용인 것이다. 당신은 말 그대로 자석이다. 당신이 내뿜는 에너지가 부정적이면, 그에 맞는 부정적인 상황이 끌려올 것이다. 마찬가지로 당신이 긍정적인 에너지를 내보내면, 당연히 그에 합당한 좋은 결과가 당신 앞에 나타난다.

이토록 단순한 원리를 여태 몰랐다니 얼마나 안타까운 일인가? 그런데 문제는 설령 알게 되어도 제대로 적용하지 못하고 살아가는 사람이 대부분이다. 머릿속 생각으론 간절하지만, 오래전 마음속에 세팅된 부정적인 생각 파동이 계속 방해를 하는 것이다. 그러므로 끌어당김의 법칙을 실천하려면 가장 먼저 해야 할 일이 있다. 바로 나의 에너지를 깨끗하게 정화하는 일이다. 당신이 온통 부정적인 생각과 자기 비하적인 사고방식만을 잔뜩 갖고 있다면 과연 어떤 에너지가 흐르겠는가?

무엇보다 자기 자신을 있는 그대로 먼저 인정해주어라. 그리고 충분히 사랑해주어라. 그러면 당신이 굳이 애쓰지 않아도, 자신을 스스로 더욱 사랑하게 될 만한 일들이 끌려오게 된다. 무언가를 좇아서는 안 된다. 자연스럽게 끌려오도록 허용해야 한다.

돈도 마찬가지다. 돈도 에너지이다. 자연스럽게 흘러가도록 두어야 한다. 돈은 원래 행복한 존재이다. 잘못된 선입견으로 돈에 덧씌운 불행의 굴레를 걷어내야 한다. 그러고 나면 당신에게도 행복한 돈의 에너지가 흘러들어오기 시작할 것이다. 돈을 사랑하고 돈이 당연히 내게 올 거라고 믿는 사람들은 돈에 감사한다. 돈이 들어와서 감사하고 돈을 쓸 수 있음에 감사한다. 돈에 관련된 모든 일에 감사한다. 그럴수록 돈의 에너지는 점점 더 행복해지고 더 오래 그 사람 곁에 머물고 싶어 하는 것이다.

돈은 중립적인 에너지이다. 착한 사람, 나쁜 사람에 상관없이 이끄는 대로 끌려간다. 이미 많은 돈을 가지고도 남들보다 좀 더 많은 돈을 벌겠다고 아등바등하는 사람들이 있다. 그리고 그들은 부자임에도 어쩐지 항상 불행하다. 더 큰 욕심과 이기심으로 늘 돈에 집착하고 불안해한다. 그렇게 되면 돈은 미련 없이 자신을 행복하게 해줄 사람을 찾아 떠나버린다.

나는 돈이 필요할 때 항상 필요한 만큼 내게 오리라는 걸 안다. 이제껏 그래왔다. 자라면서 돈에 큰 욕심이 없었던 것도, 나는 늘 만족했기 때문이었다. 나이가 들고 결혼을 해서 자식을 낳아 키우면서 나는 돈에 대해 더 확실하게 깨달았다. 많은 돈이 필요한 것이 아니고, 그 돈을 어떻게 쓰느냐가 더 중요하다는 걸 말이다.

다 자란 아이 둘을 데리고 생전 처음으로 뮤지컬을 관람하기 위해 수원 대극장엘 갔다. 뮤지컬 〈그리스〉를 보고 난 후의 아이들의 표정과 그때의 감동을 나는 잊지 못한다. 진심으로 돈에 감사한 날이었다.

지금의 내 모습에 만족한다. 나는 이대로 행복하다고 자신 있게 말할 수 있다. 더 큰 집과 멋진 차도 내가 원하기만 하면 내 것이 되리란 것을 믿는다. 나는 돈에 휘둘리지 않는다. 나는 돈을 자석처럼 끌어당긴다는 걸 알기 때문이다. 감사할 뿐이다. 진정한 부는 돈을 많이 가진 게 아니라 돈의 가치를 제대로 이해하고 감사하는 것이어야 한다. 돈이 많이 없어서 힘들다고 불평하지 마라. 대신에 지금 내게 이만큼의 돈이 있어서 얼마나 감사한지를 먼저 말하라. 돈에 대한 발상의 전환을 하자는 얘기다.

부자의 마음을 가지고 있어야 부자가 될 자격이 생긴다. 돈이 없다고 탄식하는 사람들에게는 돈이 흘러 들어가지 않는다. 돈은 자유로운 에너지다. 이 원수 같은 돈이라는 소리가 들려온다면 당신 같아도 절대 가고 싶지 않을 것이다. 당신은 부자가 되고 싶다는 말을 항상 하면서 살아간다. 그 말인즉슨 당신은 부자가 아니라는 강한 믿음을 갖고 있다는 증거이다. 당연히 현실은 계속해서 당신이 부자가 아닌 상태에 머무르게 해준다. 그래야 당신의 말에 딱 적합한 상황이 되기 때문이다.

당신은 이미 부자라고 생각하라. 당신이 자석이 되어 돈을 쭉쭉 끌어당기고 있다고 상상하며 말하라. 그리고 지금 내 지갑 안에 돈이 있고 필요한 데 쓸 수 있음에 감사하라. 돈에 감사하면 할수록 돈이 들어오는 기적은 남의 일만은 아니다. 부자가 아닌데 이미 부자라고 말하기가 거슬린다면 방법은 있다.

어제보다 오늘이, 오늘보다 내일이 더 나을 것이라는 믿음은 비교적 쉽게 가질 수 있을 것이다. 이제 '나는 부자가 되어 가고 있다.'라는 말로 바꾸어보라. 그러면 마음속의 거부감으로 인해 오히려 역효과를 내는 비극을 막을 수 있다. 반복해서 당신은 부자가 되어가고 있다고 말하라. 돈을 자석처럼 끌어당기고 있다고 확신하라. 지갑에 단돈 천 원이라도 들어 있다면 지금 당신에게 그 돈이 있다는 그 사실에 감사하라. 당신 지갑의 돈은 앞으로 점점 늘어나게 될 것이다. 이제 당신도 행복한 부자가 되어라.

05

내 인생이 잘 풀리고 있어

행복한 인생은 온전히
자신의 마음가짐에 달려 있다.

- 탈 벤 사하르 교수 -

내 나이 56, 아니 책을 쓰는 도중에 해가 바뀌었으니 이제 57세이다.
고등학교 3학년 때부터 혼자 생활하며 학교 다니고 취업을 해, 이제 회사
생활 6년 차가 된 32세 아들이 있다. 그리고 나이는 28세가 되었지만, 외
모로 보나 마음 상태로 보나 아직도 열여덟 살인 딸이 있다. 깜빡 빠뜨릴
뻔했다. 우리집 막내, 귀염둥이 푸들 강아지 여섯 살 된 브레드도 있다.

장황한 가족 소개의 이유는 내 인생이 그동안 너무나 잘 풀려왔다는
고백이다. 그리고 지금 행복하다고 자랑하고 싶어서다. 짧지만은 않았던
세월, 이런 일 저런 일을 다 겪으며 살아온 건 물론이다. 한때는 내 입으

로 산전수전 공중전까지 다 치르며 살고 있노라 할 정도였으니 말이다. 기쁜 일도 있었고 죽도록 가슴 아픈 일도 지나왔다.

잠깐이지만 엉망으로 살아보기도 했고 그래서 후회도 해봤다. 하지만 나쁘지 않았다. 그런대로 내 인생은 꽤 괜찮았다. 책을 쓰며 원래 타고난 나의 본성을 찾아가고 있는 지금은 더할 나위 없이 행복하다. 그리고 앞으로도 이 만족하는 삶은 변함없이 이어질 것을 나는 안다. 사랑하는 아들, 딸과 강아지가 내 곁에 있음에 너무나 감사하다.

나 어릴 적 오빠들 방에는 늘 대기만성이라는 표어가 붙어 있었다. 언제나 비장한 기분이 들 정도였다. 꼬꼬마 시절이라 왜 빨리 이루면 안 되는 건지 이해할 수 없었다. 워낙 먹고살기 힘든 세월을 부모님과 함께 피부로 느끼며 살아온 오빠들이라 그런가? 그도 그럴 것이 오빠들은 동년배보다 학년이 2~3년씩 늦었다.

사기도 여러 번 당하고, 야반도주까지 해가며 살았던 어려운 집안 환경 탓이었다. 큰오빠 경우에는 초등학교 6년 동안 학교가 7번 바뀌었다. 그런데도 우등상을 꼬박꼬박 받은 게 신기할 정도다. 그런 이유로 두 오빠 모두 고등학교를 마치자마자 군대를 다녀와야 했었다. 8살이 많은 큰오빠가 나와 같은 날 대학입시 고사장에 가고, 같은 84학번이니 짐작하리라.

인생은 마라톤이다. 시작됐으니 뛰어가든, 도중에 힘에 부쳐 걸어가든 어쨌든 앞으로 나아가야 한다. 내게 책임지워진 일을 해내기 전까지는 절대로 포기란 있을 수 없다. 도저히 한 발짝도 더 내딛기 힘들 정도라면 잠시 쉬어가는 건 어떤가? 인생 마라톤에서는 완주 외에 1등은 의미가 없으니 마음 푹 내려놓고서 말이다.

신문방송학과 출신이라 그런지 나는 사람들의 말투에서 항상 거슬리는 부분이 있었다. '때문에'와 '덕분에'의 혼용이었다. 분명히 '덕분'이라고 말해야 하는데 꼭 '때문'으로 말하는 사람들이 대부분이었다. 내가 그 말에 특별히 의미를 두어서 그런 건지 유독 사람들 말에서 그 부분은 잘 들려왔다. 그러고 나면 더는 그 사람의 말을 듣고 싶지 않아지곤 했다.

덕분에는 긍정이고 때문에는 부정의 의미가 강하다. 우리는 평소 긍정을 해야 하는 말투에서조차 부정적인 말투를 사용하고 있다. 하물며 의식조차 못 한 채 아무렇지 않게 사용한다. 이 얼마나 뿌리 깊은 나쁜 습관인가? 물론 전체적인 의미가 통하면 되는 거 아니냐고 할 수도 있다. 하지만 그로 인해 당신의 인생이 부정적으로 흘러간다고 말해주고 싶다.

일부러라도 우리는 평소 쓰는 말에 '덕분에'라는 표현을 자주 하는 게 좋다. "네 덕분에 내가 할 수 있었어.", "자동차 덕분에 출근길이 춥지도 않고 너무 좋다.", "네가 해준 격려 덕분에 내가 용기를 낼 수 있었어." 신경 써서 그 말을 하다 보면 상대에게도 기쁨을 주고, 나 자신도 매사 감사하는 마음을 갖게 될 것이다.

어릴 적 나는 '극기'라는 말을 참으로 좋아했었다. 수첩에도 적어놓고, 책에도 노트에도 수시로 적고 보고 되뇌고 하면서 지냈다. 도대체 무에 그리 극기할 일이 많았던 건지 원. 하지만 극기에 숨은 뜻은 '나는 할 수 있다'가 아니었을까 생각해본다. 내가 나의 극한을 넘어서는 정신, 그것 말이다.

116년 만에 올림픽 펜싱 남자 에페 개인전에서 두 번째 최연소 금메달리스트가 된 박상영 선수를 기억하는가? 당시 대한민국 국민이라면 2016년 리우데자네이루 올림픽 때의 그 감동적인 순간을 잊을 수가 없을 것이다. 불가능을 가능으로 바꾼 그 역사의 순간은 '나는 할 수 있다.'라는 간절한 기도가 만들어내지 않았던가?

박상영 선수는 펜싱 에페 경기 결승전을 치르고 있었다. 남은 시간은 2분 23초. 스코어는 '10대 14' 한 점만 더 뺏기면 경기는 그대로 패배로 끝나는 거였다. 더구나 에페 경기는 서로 동시에 찌르는 동작만 나와도 양쪽 선수에게 점수를 주는 방식이니 거의 희망이 없었다. 하지만 그는 세계 랭킹 3위의 노장 선수에게 더는 한 점도 허용하지 않은 채, 연속 5점을 따내고 역전의 금메달을 목에 걸었다.

　무엇이 그에게 그런 휘몰아치는 힘을 준 걸까? '9대 13'의 점수로 2세트를 마치고 1분간의 휴식 시간에 그 비밀이 숨어 있다. 의자에 앉아 있던 박상영 선수의 귀에 관중석에서의 외침이 들려왔다. 그 말은 바로 이랬다. "할 수 있다!" 그리고 그 말은 박상영 선수의 간절한 주문이 되었다. 끊임없이 '할 수 있다'를 외치며 그는 최종 경기에 나섰다.

　그 당시 나도 그 장면을 TV를 통해 보았다. 그리고 그때의 장면이 여전히 동영상으로 남아 있어 언제나 보고 또 봐도 감격스럽기 그지없다. 스스로에 하는 격려와 칭찬, '박상영, 나는 할 수 있다'가 정확하게 현실로 이루어진 것이다.

　스포츠계에선 운동선수들 대상으로 자기 암시의 효과 등에 관해 많은 연구가 있었다. 그 결과에 따르면 혼잣말은 불안과 긴장감을 가라앉히고 자신감과 집중력을 높인다고 한다. 따라서 선수들이 온전한 실력 발휘를 할 수 있게 해주고 순간의 실수에도 평정심을 다시 유지하게끔 도와주는 것이다. 이처럼 혼잣말은 강력한 자기 암시의 효과를 낸다. 주변에 보면 유난히 일이 잘 풀리는 사람들이 있다. 그 사람들의 공통점은 바로 습관적으로 긍정적인 자기 암시를 하는 것이다. 버릇처럼 중얼거리고 반복하는 혼잣말 습관이 잘 풀리는 삶을 만드는 방법인 것이다. 평소 스스로에 어떤 말을 하고 있는지 한번 생각해보라.

나도 중얼중얼 혼잣말을 곧잘 하는 편이었다. 누구 친구가 놀러 왔냐고 부모님께서 방문을 두드리며 물어보시곤 했을 정도니까. 시험공부를 할 때도 그랬다. 혼자서 묻고 답하고가 자연스러웠다. 잊고 살았는데 그 습관은 나이가 든 지금, 다시 시작되었다. 그래서인지 난 원하는 것들을 쉽게 입버릇으로 만들어 떠들고 다닌다. 책을 쓰다 힘이 들어 '아이고, 죽겠다'라는 말이 나도 모르게 툭 튀어나왔다. 그 말을 들은 우리 딸 왈, "엄마 살겠다 해야지, 평소처럼.", "그래 맞다. 하하, 살겠다. 살겠어!"

인생길 걸어가다 보면 때론 일이 잘 안 풀릴 때도 있게 마련이다. 어쩌면 삶의 우울증에 빠져 고통스러운 순간이 올 수도 있다. 잘 해보려고 노력했는데도 불구하고 누군가의 비난에 직면할 때도 있을 것이다. 그럴 때 당신은 어떡하겠는가? 선택은 당신 몫이다. 스스로 자책하며 무너져버리거나, 자기 자신을 격려하는 칭찬의 말로 자기 자신을 일으켜 세우거나 둘 중 하나다. 자, 이제 당신은 무엇을 선택할 것인가?

말에는 힘이 있다. 칭찬은 고래도 춤추게 한다지 않는가? 하물며 우리는 인간이다. 칭찬을 먹고 자라야 하는 귀한 존재다. 주위 사람들이 다 별로여서 칭찬을 안 해주면 뭐 어떤가? 혼잣말로 내가 나에게 해주는 칭찬, 그거야말로 삶의 풍부한 자양분이다.

내 인생은 누가 대신에 살아주지 않는다. 허무한 인생 대신 세상에 쓸모 있는 삶을 살겠노라 지금부터라도 결심하라. 늦었을 때란 없다. 자기 자신을 충분히 그럴 만한 사람이라고 존중하는 마음을 가져라. 긍정적인 혼잣말로 인생을 바꾸자. 지금부터라도 내 인생은 잘 풀리고 있다고 말해보라. 인생을 잘 이끌어가고 있는 자기 자신에게 칭찬을 쏟아 부어줘라.

오늘 하루하루가 모여 당신의 인생이 된다. 오늘 하루를 매일 소중히 여겨라. 오늘은 정말 좋은 날이 될 거라 믿고 하루를 시작하라. 그리고 그 속에서 자기 자신을 격려하고 칭찬하라. 내 인생이 정말 잘 풀리고 있다고 스스로 북돋아주어라. 현재 가진 게 많다고 행복한 것도 아니고 남보다 덜 가졌다고 불행한 것도 아니다. 행복은 당신의 마음 상태다. 만족하고 있다면 당신은 행복을 느끼게 된다. 그리고 점점 더 많은 것을 갖게 될 것이라는 자신감 또한 넘칠 것이다.

절대 자기 자신을 낮게 평가하지 마라. 모든 것은 자신이 믿고 말하는 대로 된다. 평소에도 혼잣말로 항상 스스로 칭찬하라. 내가 나에게 해주는 칭찬은 자존감을 높인다. 그리고 운이 들어오는 길을 활짝 열어준다. 내 인생이 잘 풀리고 있음을 당당하게 선포하라. 그 인생을 당신이 멋지게 이끌어가고 있음에 자신감을 가져라. 셀프 칭찬을 매일매일 습관화하자. 당신의 인생길에 든든한 길잡이가 되어줄 것이다.

06

모든 일은 신의 뜻대로 착착 진행된다

우리가 오늘을 돌보면,
신은 우리의 내일을 돌보아줄 것이다.

— 간디 —

사람들은 스스로 제어할 수 없는 극한 상태에 빠지면 부지불식간에 신을 찾는다. 인간의 힘으로 해결할 수 없는 상황에 직면하면 신에게 기적을 바라는 기도를 하게 된다. 그것은 종교를 가지고 있느냐 아니냐에 상관이 없다. 그렇다면 신이란 무엇인가? 세상에 존재하는 수많은 종교에서 내세우는 신의 모습은 참으로 다양하다. 그러나 사실 그 근본원리는 다르지 않음을 우리는 안다. 가끔 종교 간에 잡음이 생기는 것은 갈등을 조장하는 일부 사람들의 문제일 뿐이다.

그처럼 사람들이 믿고 있는 신의 존재는 모습만 달리할 뿐 하나라고 보면 맞다. 그리고 정확히 말하면 신은 외형이 존재하지 않는다. 우리가 신이라고 부르는 존재는 그저 존재 자체, 빛, 영원과 같은 의미이다. 신의 존재를 믿는 삶은, 어떤 상황에 있더라도 평온한 상태를 유지하는 일이다. 형식과 절차에 치우친 의식보다는 차분하고 정화된 기도와 명상의 자리를 찾아가는 것이다.

원치 않았던 것일지라도 자신에게 일어나는 모든 일을 스스로 책임지는 삶을 살아야 한다. 그리고 훌훌 자유롭게 놓아버리는 깨달음의 길로 나서는 것이다. 고난의 세월을 맨몸으로 부딪치며 살아오신 우리 어머니도 신의 존재를 확신하셨다. 그리고 말씀대로 기도와 헌신으로 모든 것을 책임지며 모진 세월을 살아내셨다. 그리고 이제는 영원한 존재가 되어 신과 함께 계시는 걸 느낀다.

우리 어머니는 평생을 빚에 쫓기며 사셨다. 워낙 곤궁한 삶이었던지라 어쩌면 당연했으리라. 그러나 자식들에게는 언제나 가진 것보다 더 많은 것을 해주려고 애쓰는 삶이었다. 1남 5녀 중 맏딸로 태어난 엄마는 시도 때도 없이 맞아가며 구박데기 식모처럼 자라셨단다. 그 옛날 아들 귀하던 시절에 맏딸의 운명이었을까?

얼굴 한 번 본 적 없는 옆 동네 부잣집 아들과 결혼을 했는데, 시집간

첫날부터 끓여 먹을 쌀 한 톨이 없더란다. 노름에 빠진 시아버지가 일꾼 10여 명을 부리며 살던 고대광실 기와집을 폭삭 망해 먹은 한참 뒤였던 거다. 중매쟁이의 농간이었을 터였다. 결혼 첫날부터 옆집서 보리쌀을 꾸어다 시집 식구들 밥을 해서 먹였다니 듣기만 해도 기가 찰 노릇이다. 다시 시작된 식모 생활에 남편마저 군에 끌려가고 7년이나 지나서 돌아왔다. 그나마 피를 말리던 시집살이에서 벗어나 객지로 나오고 자식들을 낳아 키우셨다.

그런 가정환경의 두 분이 학교에 다니지 못한 건 불을 보듯 뻔한 얘기였다. 몰래 서당에 다니다 들켜 할아버지가 책을 다 불에 던져버리셨다고 한숨짓던 아버지. '똥 묻은 팬티를 팔아서라도 내 자식들은 끝까지 공부시킨다.'라는 한 맺힌 말씀을 자주 하셨었다. 가진 것 없고 배운 것 없는 부모님의 주업은 뼈를 깎는 막노동일 수밖에는 없었다. 그래도 오빠 둘, 언니가 태어나고 방 한 칸이라도 꾸리고 살 때 옆집 세탁소에서 불이 났다. 내가 엄동설한 한겨울에 한데서 태어날 수밖에 없었던 기막힌 사건이었다. 한순간에 다시 나락으로 떨어져 버린 부모님의 운명은 태풍 앞에 놓인 촛불이었다. 죽으려고도 몇 번이나 해봤지만, 내가 낳은 내 자식들 어떻게든 살리겠다고 결심하셨단다.

도둑질이나 사기 치는 일 빼고는 안 해본 일 없이 다 하고 사셨다는 부모님. 그중에 내 기억에 남은 것은, 아버지가 당신 키보다 깊게 땅을 파고 그 속에서, 곡괭이질을 하며 우물을 파던 모습이다. 기저귀 천으로 나를 등에 업고 하셨다는 어머니의 국화빵 장수 얘기는, 겨울철 붕어빵 리어카 앞을 그냥 지나치지 못하게 발목을 잡는다.

우리집이 그나마 자리를 잡은 건 아버지가 유한건설의 창고지기를 하실 때였다. 300여 평의 외딴 땅에 커다란 아시바들이 잔뜩 서로를 지탱하며 군데군데 모여 서 있었다. 가끔 커다란 대형 트럭 몇 대가 차례로 들어와 하나 가득 아시바들을 싣고가곤 했다. 길쭉하게 튀어나온 아시바 끝에 빨간 천 조각을 묶어나가던 기억이 선명하다.

회사의 배려로 그 땅의 한쪽 귀퉁이에 아버지가 직접 슬레이트 판잣집을 지었다. 부모님과 우리 네 남매는 그 집에서 먹고 놀고 학교 다니며 자랐다. 부모님은 돌아가실 때까지 50년을 그 땅 위에 지어진 집에서 지내셨다. 그 땅이 우리 어머니가 평생 빚에 쫓기며 지켜내신 유일한 재산이자 유산이 되었다. 우리 가족의 모든 세월이 그 땅, 그 집에 녹아들어 있다. 외딴집 막내딸로 불리던 나의 50년, 지금까지의 모든 기억도 그곳에 남아 있다.

세월이 좀 흘러 회사에서는 우리 가족이 살고 있는 창고 땅을 넘기려고 했다. 인근 복덕방에서 시세를 알아보고 아버지가 몇 차례 회사로 들어가서 보고를 했다. 그럴 때마다 회사에서는 알겠다고만 하고 더는 진전이 없는 상태가 한동안 이어졌다. 그러던 어느 날, 복덕방에서 계약서를 작성하고 있다는 소식이 어머니 귀에 들렸다. 당장 집 없이 쫓겨날지도 모른다는 충격에 어머니는 맨발로 쫓아가셨다. 그리고는 계약서에 도장을 찍으려는 바로 그 순간 도착한 어머니는 그 자리에서 혼절하셨다.

복덕방 사람이 아버지한테는 낮은 가격을 말하고 회사로 직접 전화해서는 높은 시세를 얘기한 정황이 드러났다. 성실히 일해오신 아버지를 사기꾼으로 만들었던 거다. 회사에서는 어머니에게 그 땅을 팔기로 했다. 탈탈 털어 만든 돈 100만 원이 전부였다. 돈을 꿀 수 있는 데는 다 꾸러 다니고, 나중에는 달러 빚까지 내서 기어코 회사에 땅값을 치르셨다. 그때부터 다시 부모님의 혹독한 빚쟁이 생활은 시작됐다. 30년 가까운 세월을, 나라면 절대 엄두도 못 낼 일이다.

어머니는 항상 신의 존재를 믿으셨다. 당신이 평생 혹독하고 처절하게 살아오신 그 모든 게 신의 뜻이라 하셨다. 어머니 당신의 몫이라고 하셨다. 부자도 가난한 사람도 다 귀한 존재라는 걸 잊으면 안 된다고 말씀하셨다. 전심전력으로 열심히 살며 기도하다 보면, 신이 모든 일을 알아서 다 해결해주리라 믿고 사셨다.

어머니의 기도는 믿음이었다. 내가 정성으로 기도하면 내 자식들을 배불리 먹이고 재울 수 있다는 믿음. 병든 남편을 살리고 굳건하게 가정을 지킬 수 있다는 믿음. 그리고 그 믿음대로 어머니는 하루를 일 년 같이 쪼개가며 열심히 사셨다. '제 몸 갈아 넣을 테니 부디 제 자식들은 살려주십시오!' 어머니의 기도는 평생을 그칠 줄 몰랐다.

그런 믿음과 기도 덕분에 자식 넷은 무사히 잘 성장했다. 이생에서, 각자의 소명대로 삶의 굴곡들과 화해해가면서 열심히 살아가고 있다. 그러나 정작 당신들 두 분은 평생 혹사하고 산 후유증에 온몸이 집어 삼켜진 채 서서히 꺼져가셨다. 그렇게 한 많은 세월, 10개월 만에 두 분이 차례로 떠나가신 것도 신의 뜻이었으리라.

우리는 살아가면서 수많은 힘든 일들을 겪는다. 그리고 삶은 때때로 내가 원하는 방향대로 흘러가지도 않는다. 우리는 보통 삶의 고난이나 인생 역경에 맞서 싸운다는 표현을 자주 쓴다. 그러나 맞지 않는 말이다. 그것은 내 삶에 벌어진 모든 일을 있는 그대로 받아들인다는 의미이다. 그리고 차근차근 그 일에 대처해나가는 모습을 보이는 것이다. 그러다 보면 어느새 내 삶과 함께 나란히 걷고 있는 자신과 마주하게 된다.

이렇게 원치 않는 삶일지라도 구태여 맞서 싸우지 않으면 내 삶은 본래의 모습으로 돌아간다. 좋은 일이든 나쁜 일이든 일어날 일은 어떻게든 일어난다. 그리고 일어나지 않을 일은 일어나지 않는 게 우리 인생이다. 지금 눈앞의 현실은 꿈속 세상이라 한다. 깨어 있다고 믿지만 실제로는 꿈을 꾸고 있는 상태 말이다. 당연히 우리가 겪는 모든 상황도 현실이 아닌 게 된다. 무엇을 믿을 것인가?

신은 그러한 우리를 존재하게 하는 근원의 힘이다. 우리 인간은 분리되어 있는 존재가 아니다. 하나의 에너지로 연결되어 있음을 모르고 사는 것이다. 이 세상 우주 만물에 에너지 아닌 것이 없다. 우리가 신이라고 부르는 존재도 에너지다. 그러니 당신과 나, 우리는 모두 신과 하나이고 또한 신 자체다.

이 세상에는 우리가 행복해지는 데 필요한 것이 충분하다. 그러나 사람들은 그것을 깨닫지 못한다. 무조건 경쟁해서 이겨야 하고 남보다 내가 더 나은 인간이어야 한다고 생각한다. 그러나 그렇지 않다. 당신이 원하는 모든 것들은 에너지 형태로 존재하고 있다. 그리고 당신의 에너지가 그것을 간절히 원할 때 물질이 되어 당신 삶에 나타나는 것이다. 지금 순간을 충실하게 사는 것이 당신의 할 일이다. 그 후의 모든 일은 신의 뜻대로 착착 진행될 것이다.

오늘은 내 생애 최고의 날이다

지금 인생을 다시 한 번,
완전히 똑같이 살아도 좋다는 마음으로 살아라.

– 니체 –

지금 인생을 완전히 똑같이 다시 한 번 살아도 좋겠다는 사람은 얼마나 행복한 사람일까? 솔직히 나는 누가 물어오면 그런 대답을 할 수는 없을 것 같다. 다만 매일매일 오늘은 내 생애 최고의 날이라고 자기 암시를 하며 하루하루를 열심히 살 뿐이다. 왜 오늘이 최고의 날일까?

그것은 내가 그렇다고 결정하고 믿기 때문이 아닐까 생각한다. 우리는 과거에 살 수 없고 미래에 사는 것도 불가능하다. 어제는 과거고 내일은 미래다. 무슨 일이 일어날지라도 내가 살아가는 날은 오늘이다. 당연히 내 생애 최고의 날일 수밖에는 없지 않은가?

2020년 11월 29일, 나는 〈한국책쓰기1인창업코칭협회(이하 한책협)〉에 첫발을 디뎠다. 〈한책협〉 카페 가입은 2014년 9월에 했으니 6년 2개월이 넘어 드디어 용기를 낸 것이다. 늘 마음 한구석에 남아 있던 책 쓰기에 대한 열망 때문이었다. 먹고사는 일에 치여 외면하고 있던 일이었다. 불쑥불쑥 한 번씩 가슴에서 요동치던 꿈이었다. 그러나 이내 생각을 내려놓고 다시 현실로 되돌아오곤 했었다. 내가 무슨? 어떻게? 휙휙 지나가는 부정적인 생각으로 마음만 어지럽힌 꼴이 되고 만다.

그래도 계속 남는 미련은 나에게 관련 카페를 찾고 가입을 하도록 이끌었다. 하지만 또 그걸로 그만이었다. 그러다 2~3년간 병원에 모시고 다녔던 부모님께서 차례로 떠나시는 가슴 아픈 일이 벌어지고야 말았다. 그때 왜 그런 생각이 들었는지는 솔직히 모르겠다. 마음속으로 나는 부모님 영전에서 다짐하고 있었다. 꼭 부모님의 삶을 책으로 쓰겠노라고. 그리고 2018년에 〈한책협〉 책 쓰기 일일특강이라도 먼저 들어봐야겠다고 결심하고 신청을 했다. 가입 후 4년 만이었다.

어찌 됐겠는가? 나는 또 한 번 주저앉았다. 도저히 자신이 생기지 않았다. 주변 시선에도 신경이 쓰였다. 괜한 핑계도 생겼다. 집에서 거리도 만만치 않네. 주차는 또 어디다 한담? 일요일인데 딸한테는 어디 간다고 말해야 하지? 다음 날 출근하려면 힘들 텐데. 하는 일이 너무 바빠서 책 쓸 시간도 없을 거야. 핑계는 꼬리에 꼬리를 물었다. 그리고 또 2년의 세월이 흘렀다. 나는 점점 일상에 지쳐가고 무기력한 하루하루를 보내고 있었다. 마음속으로 아무리 좋은 말을 되뇌고 살아도 그때뿐이었다. 나이와 함께 속절없이 무너져가는 나를 일으켜 세워야 했다.

그래, 일일특강부터 들어보고 결정하자. 무언가에 도전하려면 지금이 마지막 기회일지도 모른다. 사실 2년 전 일일특강을 신청할 때도 나는 간신히 턱걸이 상태의 나이였다. 그런데 다시 확인한 신청 자격 나이가 나에게 맞춘 듯 늘어나 있었다. 이 얼마나 좋은 징조인가? 나는 무조건 운명이라고 생각했다. 이 세상에 우연이란 건 없지 않은가? 이제 더는 망설이면 다시는 기회를 주지 않을 거라고 신께서 말씀하시는 듯했다. 나는 무조건 달려갔다.

그러나 일일특강을 듣는 그 시간에도 내 마음은 둘로 나뉘어 싸우고 있었다. 배움에는 당연히 비용이 따르는 거고 사실 내게는 부담이 되는 금액이었다. 하지만 마지막 순간에 나는 다른 것은 다 생각하지 않기로 했다. 모든 일은 신의 뜻대로 착착 진행되는 게 맞다. 내 본성의 소리가 그렇게 얘기하고 있었다. 바로 그날부터 시작된 나의 책 쓰기 과정은 나를 살아나게 했다. 서서히 말라가고 있던 내 영혼에 꽃이 피어나기 시작했다.

학생 시절 글짓기대회에서 상 받은 것 말고는 책 쓰기에 대해서 전혀 문외한인 나였다. 그러나 김도사의 체계적인 시스템 하에 정확하게 진행되는 책 쓰기 과정은 내게 용기를 주었다. 나도 할 수 있다는 자신감을 느끼기에 충분하였다. 〈한책협〉의 김 도사는 24년간 250권의 책을 쓰고 9년 동안 1,000여 명의 일반인을 작가로 배출해냈다. 중앙일보 후원 우수 브랜드 대상 책 쓰기 코칭 부문에서 3년 연속 대상을 받았다. 2021년 새해 벽두엔 대한민국 최초 출판 가이드 시스템 특허까지 받았다.

그의 가르침을 받다 보면 그런 경이로운 이력들은 오히려 빛을 잃는다. 지난 삶에서 터득한 깊은 지혜와 진심이 담긴 말은 한마디 한마디가 심장을 울린다. 나는 살아오면서 부모님 외에 딱히 내 인생의 멘토가 없었다. 그러나 이젠 다르다. 저절로 스승님이라 부르게 되는 김도사를 만났기 때문이다.

내가 이렇게 운이 좋은 사람이었는지 새삼 깨닫는 하루하루가 지나고 있다. 몸은 고단해도 내 영혼만은 쌩쌩하게 하루를 거뜬히 보낸다. 그야말로 오늘은 내 생애 최고의 날임을 매일 확인하면서 살고 있다. 지금 인생을 다시 한 번, 완전히 똑같이 살아도 좋다는 마음으로 살라는 니체의 말을 격하게 수긍하고 싶어지는 오늘이다. 평범하다 못해 남들의 시선에는 그저 그런 아줌마인 내가 하고 있다면 당신도 할 수 있다.

요즘 인간의 수명을 100년으로 친다면, 나는 절반을 넘어 인생 후반전을 열심히 살아가고 있다. 사실 지금까지는 내 인생임에도 이런저런 이유로 주체적으로 살지 못했다. 그러나 지금 가고 있는 이 길은 온전히 나의 선택에 의한 것이다. 아직 이루지 못한 꿈, 그러나 포기할 수 없던 꿈을 향해 나는 걷고 있다. 행복은 결과가 아니고 과정이다. '꿈을 이루지 못하면 어쩌지?'라는 걱정과 불안은 없다. 그래서 나는 지금 이대로 충분히 행복하다.

사람들은 누구나 하루하루 먹고사는 데 급급한 게 현실이다. 당연히 자신이 진짜 하고 싶은 게 뭐였는지를 돌아본다는 건 꿈같은 일이다. 그저 일상에 지쳐 오늘 자신이 뭘 했는지도 관심이 없다. 그리고 멍하니 TV 앞에 앉아서 하루를 마감한다. 그러다 가끔은 불현듯 어릴 적 꿈이 생각나 잠깐 설레기도 한다. 그러나 그건 아주 잠깐으로 끝이 난다. 시간도 없고, 돈도 없고 안 되는 이유가 줄줄이 꼬리를 물고 지나간다. 새삼스럽게 무슨 생뚱맞은 생각을 다 한다고 스스로에 핀잔을 주기도 한다.

하지만 꼭 이루고 싶던 꿈은 세월이 흐른다고 잊히는 게 아니다. 자꾸 머뭇거리면서 시간만 점점 늦춰지고 애꿎은 나이만 들어가고 있지 않은가? 하고 싶은 걸 못 하고 사는 가장 큰 이유는 바로 당신 자신이다. 하루하루가 내 생애 최고의 날임을 믿고 과감히 도전하라. 일단 시작하고 나면 망설임도 없어진다. 그다음부터는 없던 열정도 다시 불붙기 시작한다. 시작이 반이라고 하지 않던가? 그 말은 진실이 된다.

우리의 삶에는 연습이 없다. 그래서 사람들은 상처를 주고받고 아파하며 고통 속에 살아가는 것이다. 인생은 실전이다. 넘어지고 깨어지는 게 당연하다. 다시 일어서면 된다. 그러자면 하루라도 빨리 시작하는 게 낫지 않겠는가? 생각이 바뀌면 행동이 바뀌고, 행동이 바뀌면 습관이 바뀌고, 습관이 바뀌면 운명이 바뀐다고 했다. 당신의 생각을 바꿀 때다. 그리고 망설이지 말고 바로 행동으로 옮겨라. 쉬지 않고 당신의 꿈을 따라가다 보면 어느 순간 당신의 운명이 바뀌어 있을 것이다.

가끔은 기존 삶에 발목이 잡히기도 하겠지만 포기하지만 않으면 된다. 분명한 것은 당신이 계속 나아간다고 해서 잘못되는 것은 아무것도 없다. 낯선 감정과 새로운 고통에 당신의 몸과 마음이 핑계를 찾을 확률이 더 높다. 인생은 한 번뿐인데 더는 핑계 대며 살지 말자. 남들 시선에도 신경 쓰지 말자. 그러기엔 인생이 너무 짧다. 눈치 보다가 나이만 자꾸 먹는다. 당신 삶의 주인은 당신 자신이다. 누가 대신 살아주는 게 아니다. 당신 마음의 소리에 귀를 기울여라.

오늘이라는 시간은 신이 당신에게 주는 최고의 선물이다. 무기력하게 반복되던 일상에서 벗어나 스스로 희망을 만들어가라. 가슴 뛰는 일을 찾고 후회 없는 하루를 살아라. 용기 있게 도전하고 스스로 행복하게 살아가라. 인생을 즐겨라. 오늘은 내 생애 최고의 날이라고 자신 있게 선언하라. 나는 아침에 눈 뜨는 순간, 가장 먼저 이 말부터 기분 좋게 외치고 일어난다. 얼굴의 근육이 웃는 표정이 될 때까지 최대한 입 꼬리 올리고 즐겁게 말해보라. 하루의 시작이 더할 수 없이 상쾌해질 거라고 장담한다.

4장

긍정의 습관 만드는

7가지 방법

01

자신만의 시간을 가져라

그대 자신의 영혼을 탐구하라.
다른 누구에게도 의지하지 말고 오직 그대 혼자의 힘으로 하라.

- 인디언 속담 -

현대사회는 각종 문명의 이기들로 넘쳐나고 있다. 그중 스마트폰의 대중화는 우리에게 많은 것을 가능하게 해주었다. 전 세계 사람들과의 실시간 소통이 눈앞에서 이뤄진다. 은행 업무를 비롯하여 생활에 필요한 모든 일상의 것들이 클릭 한 번으로 해결된다. 보고 싶은 영화나 TV 프로그램이 다 내 손안에서 펼쳐진다.

전례 없는 속도 전쟁의 시대다. 게다가 그 속도는 맞춰서 따라갈 수 없을 만큼 점점 더 빨라지고 있다. 이미 여러 분야에서 인공지능이 인간을 대신해서 움직인다. 속전속결, 일 처리를 자동으로 하는 환경 속에서 우리는 살아가는 것이다. 그렇다면 사람들은 예전보다 시간상으로 얼마나 더 여유로워졌을까?

 과거 한때, 밥은 전기밥솥이 하고 빨래는 세탁기가 하니까 주부들이 할 일이 없어졌다는 말이 있었다. 물론 그 생활이 가능해졌을 당시에 잠깐은 그랬을 수도 있다. 하지만 지금 어느 누가 그것들로 인해 편해졌다고 말하는 사람이 있을까 싶다. 여유시간이 많아졌다고 얘기하는 사람은 아무도 없을 것이다.

 생각지도 못한 도구들이 개발되어 생활에 편리함을 가져왔다. 바삐 움직이지 않고도 앉은 자리에서 수많은 일을 해내는 게 가능해졌다. 그러나 사람들은 정작 시간적인 여유를 가지기는커녕 오히려 더 시간에 쫓기며 살아간다. 무엇이 문제일까? 불을 삼키는 불새처럼, 어디 남는 시간을 집어삼키는 짐승이라도 숨어 있을지 모를 일이다.

 우리가 숨 가쁘게 쫓기며 살아가는 것은 물리적인 시간이 없어서가 아닐 것이다. 누구에게나 공평하게 하루 24시간은 주어진다. 그것은 신이 인간에게 주는 선물이기 때문이다. 그런데도 어떤 사람은 느긋하게 알찬 하루를 보내고 있는 반면에 또 다른 사람은 부족한 시간으로 허덕인다. 그 두 부류의 차이점은 대체 뭘까?

주어진 시간을 어떻게 쓰는가는 순전히 자기 자신의 몫이다. 당연히 시간이 부족하다고 느끼는 사람은 매 순간을 조급하게 여기며 살아간다. 핸드폰을 손에서 멀리 치우고 아무것도 하지 않은 채 있으라 하면 아마도 미치려고 할 것이다. 마치 알코올 중독자처럼 눈은 갈 곳을 잃고 손은 덜덜 떨고 있을지도 모르겠다.

생판 모르는 남의 사생활까지 실시간으로 공유되는 세상이다. 일부러 보고 들으려 애쓰지 않아도 오픈된 관음증 시대에서는 불가능하다. 그러다 보니 자연스럽게 나와 상관없는 사람들과 스스로 비교하게 된다. 어쩜 나는 이리도 못났을까 하는 자괴감이 고개를 든다. 점점 사람들은 자기 자신을 몰아세우기 시작한다.

나보다 잘난 사람들이 사는 세상 언저리에라도 쫓아가야 하는 건 아닌가하며 조급해진다. 나만 뒤처져 있다는 불안감에 아등바등하는 하루를 보낸다. 가슴속에는 이미 온통 부정적인 감정으로만 꽉 차 있다.

그러다 보면 한순간 무너져·내리는 좌절감을 맛보기도 한다. 해도 안된다는 자기비하의 늪에 빠져서 헤어나오지 못한 채 허덕인다. 하루 중그들이 느낄 수 있는 여유라는 것은 어디에도 없다. 과연 그 사람들이 온전히 자기 자신의 삶을 사는 걸까?

인생길에서 어떤 게 빠른 것이고, 느리다는 것은 또 무얼 말할까? 학창시절 100m 달리기에서는 결승선에 3등 안으로 들어와야 빠르다고 인정받았다. 그렇지만 기나긴 인생길이 100m 달리기처럼 속도전은 아니지 않나? 오히려 일상의 행복과 아름다운 주변 풍경을 제대로 만끽하며 여유롭게 천천히 걸어가야 할 것이다.

자신의 속도로, 자신의 걸음 보폭에 맞춰 걸어가자. 불안감은 내려놓고 충분한 시간이 자신에게 있음을 느끼며 한 걸음 한 걸음 나아가자. 달려가는 사람을 좇으려 하지 말자. 뛰든 걷든 그 길의 끝에 도달하는 건 누구나 똑같다. 불어오는 바람의 냄새도 맡아보고 지나가는 새들과도 인사를 나누자. 떠오르는 태양을 보며 감격하고 어스름 저녁 노을에 설레어보자. 파도치는 바닷가에서 시를 지어보고 울창한 나무숲들의 속삭임에 귀 기울여보자.

내 나이 45세가 되던 해, 어느 날 문득 어디론가 떠나고 싶어졌다. 왜 내 삶은 이렇게 고통스러워야 하는지 자괴감에 푹 빠져 하루하루를 견뎌내던 때였다. 하지만 혼자서 어딜 가본 적도 없고 어떻게 가야 하는지도 모르는 어리숙한 아줌마였다. 어릴 적에 혼자 개울가 둑길 걷는 걸 좋아했던지라 불쑥 도보 카페를 뒤적여봤다. 몇 군데를 검색하다 보니 제주올레길 장기 도보가 잡혀 있는 카페가 눈에 들어왔다. 일주일 동안 제주올레길 1코스부터 10코스까지 걷는 일정이었다. 나는 무조건 가입을 하고 장기 도보에 참석하겠노라 신청을 했다. 생전 처음 하는 도전이었다. 딱히 어떤 운동을 하고 있지도 않았고 그렇게 장시간 긴 거리를 걸어본 적도 없었다. 그러나 그렇게라도 현재 상황에서 벗어나서 다른 곳에서 숨 쉴 수 있다는 게 더 좋았다. 아이들의 걱정을 다독이며 난 제주도로 향했다.

전혀 일면식도 없던 낯선 사람들 20여 명과 함께 길을 걸었다. 도보 대장의 통솔 아래 아침부터 저녁까지 아름답게 펼쳐지는 제주의 자연 속을 걸었다. 세찬 비가 내리면 그 비를 오롯이 맞으며 신이 나서 걸었다. 찌는 듯한 뙤약볕에 옷 밖으로 드러난 맨살이 타들어가는 것도 모른 채 기분 좋게 걸었다. 탁 트인 바닷길을 걸었고 바다를 품고 서 있는 중산간 길을 걸었다. 드넓은 목장지를 끼고 있는 오름을 오르고 제주의 농촌 풍경을 만나는 밭길을 걸었다.

일행들의 놀라움을 뒤로 하고 나를 포함한 너덧 명의 인원은 1~2코스씩 앞서 걸었다. 물론 도보 대장의 허락 하에 행해진 일이었다. 워낙 거침없이 빨리 걷는다고 공비조라는 별명까지 붙었다. 가만히 보면 그들도 나처럼 군중 속의 고독을 느끼는 사람들이 아니었을까 하는 생각이 든다.

10코스까지 걷는 일주일 일정을 5일 만에 마치고 나는 갔던 길을 되돌아왔다. 주변에 사람들은 있었지만, 그것은 순전히 나만의 여행이었다. 오직 나 혼자만의 시간이었다. 마음의 평화와 행복을 누릴 수 있는 짧지만 소중한 날들이었다. 나는 조금 더 단단해져서 돌아왔다. 내게 닥쳐오는 모든 일을 담담히 받아들일 힘이 생겨서 돌아왔다. 그리고 나는 그때부터 지금까지 나와 내 주변에서 일어나는 어떤 일도 부정하지 않는다. 이 또한 지나가리라.

그 후로 나는 짧게라도 길을 떠나길 좋아한다. 자연 속으로 걸어 들어가는 시간이야말로 자기 자신에게 줄 수 있는 최고의 선물이다. 지리산 둘레길에서 느꼈던 감동도 내 삶을 보다 성숙하도록 만들어주었음을 아름답게 기억한다.

사람은 자기 자신만의 시간을 가져야 한다. 요즘은 혼밥, 혼술의 시대라고는 하지만 여전히 혼자인 것을 두려워하는 사람들이 있다. 나도 그랬었다. 그러나 한 번이 어렵지, 두 번째부터는 좀 더 자연스러워지고 그다음엔 익숙해진다. 내가 태어나서 처음으로 혼자 영화를 보러 간 것도 40대 초중반 그 무렵이었다. 그때는 마음의 방황을 어찌할 줄 몰라 뭐라도 해야만 했었다. 아이들이 등교한 이후 동네 영화관 앞을 얼마나 서성이며 망설였었던지 지금 생각하면 슬며시 웃음이 난다.

어쩔 수 없이 하는 혼자가 아니라 일부러 혼자이길 선택해야 한다. 대부분 혼자이길 꺼리는 사람들은 남들의 시선에 그 이유가 있다. 그 얼마나 하찮은 이유인가? 자신의 삶을 살아가는 데 왜 거기서 남의 눈치를 봐야 하는 건지 곰곰이 생각해보길 바란다. 혼자 있는 자신만의 시간을 가져야만 내공이 쌓인다. 삶의 목표를 이루기 위해서라면 반드시 혼자 있는 시간이 필요하다. 더구나 중요한 결정을 해야 하는 순간일수록 혼자여야 한다. 혼자 있을 때 비로소 제대로 집중을 할 수 있게 되기 때문이다.

사람들 속에 섞여 있거나 누군가와 어울려 대화하다 보면 어쩔 수 없이 비교하게 된다. 스스로가 초라해지는 느낌이 들면 자신감은 추락하고 자기 긍정의 힘은 사라지고 만다. 다른 누군가 타인의 입을 통해서 격려받기를 바라지 마라. 항상 든든한 내 편이 있으면 좋겠지만 아니면 또 어떤가? 언제라도 내가 내 편이 되어주면 된다. 오히려 주변 사람들이 당신에게 드림 킬러의 존재가 될 수도 있음을 기억하라. 혼자 있는 시간의 힘을 소중하게 생각하라. 그리고 자신만의 시간을 가져라.

02

수시로 긍정적인 미소를 연습하라

힘든 일에 부딪혔을 때
가장 현명하고 간단한 답은 웃음이다.

– 허먼 멜빌 –

우리가 꿈꾸는 행복한 인생을 위해 무엇보다 우선해야 하는 것이 습관 만들기이다. 긍정적인 생각이 나를 바꾸고 감사가 기적을 낳으려면 습관이 되어 있어야 함은 물론이다. 좋은 습관이 우리를 행복한 인생으로 살아가게 해준다. 습관이 당신의 생각, 느낌 그리고 행동의 95%를 결정한다고 심리학자들은 말한다. 성공한 삶을 사는 사람들은 긍정적인 성공 습관이 몸에 배어 있다는 얘기다.

당신에게 그런 습관이 없다고 걱정할 필요는 없다. 다행히 습관은 학습을 통해 만들 수 있다. 좋은 습관이 완전히 몸에 밸 때까지 부지런히 성실하게 반복하면 된다. 그러나 잠깐 하다가 원래의 나쁜 습관으로 돌아가는 사람들이 많다. 성공하는 사람이 많지 않은 이유일 것이다. 숨 쉬는 것처럼 자동적이고 편한 상태가 되어야 습관이 생긴 것이다. 한 번 생긴 좋은 습관은 당신이 꿈을 쉽게 이룰 수 있도록 도와준다. 매일매일 사소한 일에서도 행복을 발견하며 살게 해줄 것이다.

천재가 성공하는 것이 아니다. 좋은 습관을 지닌 성실한 사람에게 성공은 찾아온다. 긍정적인 습관을 만들어라. 자기 자신이 원하는 것을 선택하고 도전하라. 현재에 충실하며 더 나은 인생을 위해 노력하는 당신에게 행복과 성공이 다가올 것이다. 세상은 꿈꾸는 사람의 것이다.

확고한 자신의 꿈이 이루어질 거라는 믿음을 가지고 자신감 있게 나아가라. 꿈을 성취하기 위해서라면 긍정적인 습관 만들기도 그리 어렵지 않게 되어갈 것이다. 자기 자신을 무조건 신뢰하라.

"너희 아버지 굉장히 재밌으시다."

"왜, 뭐가?"

"가족들 모두 다 있는데 TV 보면서 재밌는 말씀도 많이 하고 잘 웃고 그러시잖아."

"그런가? 우리 아버지는 항상 그러시는데."

전날에 학교 수업이 끝나고 우리 집에 놀러 왔다가 함께 저녁을 먹고 간 친구가 얘기한다. 우리 집에선 너무나 자연스러운 일인데 친구한테는 그런 모습이 생경했던 모양이다. 다른 집 아버지들은 어떻길래 그렇게 말을 하는지 의아했다. 다들 표정도 없고 많이 무서우신가 보다 하는 생각이 들었다.

나는 저녁 늦게까지 아버지랑 둘이 TV 보는 걸 즐겨 했다. 내가 중·고등학교 때 한참 인기 있던 외국 드라마는 아버지랑 항상 같이 시청하곤 했다. 전격 Z작전, 소머즈, 600만 불의 사나이, 맥가이버, 두 얼굴의 사나이 등등이다. 특히나 '맥가이버'와 '전격 Z작전'을 하는 시간에는 서로 불러서 졸린 눈을 비비며 보곤 했다. 신나게 웃으며 아버지랑 TV를 같이 볼 때는 정말 기분이 좋았다. 그리고 지극히 당연하고 자연스러운 일이었다.

중3 때부터 나는 가수 조용필을 좋아했다. 하지만 요즘처럼 팬덤의 일원으로 지극정성 활동하는 그런 쪽은 아니었다. 우리 집에 놀러 왔던 그 친구는 윤시내를 좋아했다. 연말 가요대상에서 남녀 대상을 조용필과 윤시내가 받으면 그해 최고의 날이 되곤 했었다. "막내야~ 네 남편 나왔다!" 아버지가 부르는 소리에 나는 총알같이 안방으로 뛰어간다. 한참 음악방송에서 조용필이 노래를 부르고 있다. 그럼 난 감격에 겨운 눈으로 그 모습을 지켜본다. 딸내미가 좋아하는 가수의 노래하는 얼굴을 볼 수 있도록 챙겨주는 아버지셨다.

우리 아버지는 항상 웃고 계셨다. 얼굴에 늘 미소가 떠나지 않으셨다. 아버지를 보는 사람 누구나 인상이 너무 선하다는 칭찬을 빼놓지 않았었다. 어떤 사람이 무슨 안 좋은 얘기를 하던 '허허~참, 그럴 수도 있구나!' 하면 그만이셨다. 그래서 엄마는 항상 아버지는 선한 역할만 하고, 악역은 늘 당신 몫이라고 말씀하시곤 했다.

큰오빠가 결혼하고 시간이 좀 지나 올케언니가 이런 말을 한 적이 있다. 자기가 나이 차 많이 나는 오빠랑 결혼을 결심한 게 우리 아버지의 모습을 보고 나서였다고. 우리 집 1층에서 친언니 부부가 슈퍼를 하고 있을 때였다. 언니를 보기 위해 놀러 온 올케가 가게에 있는데 아버지가 들어오셨단다. 껌을 한 통 계산하고 나가시다 뒤돌아서는 그 당시 광고 멘트를 웃으며 말씀하시더란다. "껌이 치아 건강에 좋대요." 뭐 이런 멘트였지 싶다.

너무도 밝게 미소를 지으며 말씀하시는 그 모습을 보고 참 인자한 분이라는 느낌을 받았다고 했다. 그런 분의 아들이라면 좋은 사람일 거라는 생각이 들어서 결심을 했단다. 늦도록 장가 안 가는 큰오빠의 중매쟁이는 다름 아닌 바로 아버지의 미소였던 거다.

　행복해서 웃는 것이 아니라 웃기 때문에 행복해진다는 말이 있다. 그 말을 철저히 실천하고 사신 분이 우리 아버지가 아닐까 싶다. 엄마와 오빠들 얘기를 들어보면 젊은 시절의 아버지는 불행에 찌든 모습이었다. 그것이 아버지 딴에는 극심한 외상 후 스트레스 장애를 겪고 있던 것이었으리라. 하지만 그 모습을 지켜보던 가족들은 늘 살얼음판을 걷는 것 같았다고 했다. 막내였던 나는 어릴 때라 기억이 선명하진 않다. 그러나 딱 한 번, 술 취한 아버지를 피해 오빠들 등에 업혀 밖으로 도망 나가던 생각은 어렴풋이 난다. 세월이 많이 흘러 어머니와 오빠들이 그때 이야기를 꺼내도 아버지는 미소만 지으셨다.

　그랬던 아버지가 언제부터 바뀌었는지는 사실 잘 모르겠다. 무엇이 아버지를 전혀 다른 사람으로 만들었는지는 알 길이 없다. 외상 후 스트레스 장애를 극복하시기 위해 당신 스스로 어떤 노력을 하셨을까? 극복하신 건지 감추고 사신 건지는 미지수지만, 분명히 시간이 흐른 뒤의 아버지는 미소 천사가 되어 계셨다.

　힘들수록 웃어야 한다. 아플수록 웃어야 한다. 행복하면 행복해서 당연히 웃고, 불행하면 행복해지기 위해서 웃어야 한다. 하나도 없는 것 같이 느껴져도 웃음 에너지는 내 안 깊숙한 곳에 자리하고 있다. 필요할 때마다 수시로 끄집어내어 웃어보자. 웃으면 잠들어 있던 긍정 에너지가 살아난다. 슬프고 고통스러워도 웃을 수 있어야 그것들은 사라지고 행복이 다가온다. 괴로움과 슬픔은 바다 위에 한순간 밀려왔다 밀려가는 파도와 같다. 미소 띤 얼굴로 조용히 바라봐주자.

에너지는 비슷한 것끼리 서로 끌어당겨 만난다. 좋은 기운은 좋은 기운끼리, 나쁜 기운은 나쁜 기운끼리 모이는 것이다. 웃음은 웃을 일을 끌어당기고 고통은 또 다른 고통스러운 일을 만들어낸다. 행복한 집에 가족들이 모여 있으면 웃음꽃이 끊이질 않는다. 갈등이 많은 집에서는 늘 시끄럽게 고함지르는 소리와 고통에 신음하는 소리가 나기 마련이다.

이것 때문에, 저것 때문에 탓해본들 나아질 일은 없지 않은가? 실없어 보일지라도 일단 웃어보자. 내 감정 상태와 상관없이 웃다 보면 마음이 가라앉게 된다. 황당하긴 하겠지만 왠지 기분이 나아지고 있다. 그럴 때 한 번 더 웃어라. 웃는 게 힘들면 입 꼬리라도 최대한 올려보라. 눈까지 웃는 모양새가 만들어지면서 저절로 미소가 생긴다.

웃는 얼굴에 침 못 뱉는다는 속담이 있지 않은가? 웃음은 갈등을 조정해주는 역할을 톡톡히 해낸다. 웃음이 가져다주는 밝은 기운은 몸의 통증에도 도움이 된다는 연구 결과도 있다. 스스로 웃는 행동으로 인해 긍정적인 마음가짐이 되고 치유가 일어나는 것이다.

우리 인생은 고난의 연속이다. 언제 무슨 일로 고통스러워질지 또 어떤 슬픔이 몰려올지 알 수 없다. 그래서 웃음이 우리 삶에 꼭 필요한 것이다. 고통과 슬픔을 어루만져줄 수 있는 것은 웃음밖에는 없다. 요즘 세상에 웃을 일이 점점 더 없어지는 것은 누구나 알고 있다. 그렇더라도 웃어라. 웃으면 복이 온다. 그것은 진리다. 재밌는 코미디 영화라도 보면서 실컷 웃어보라. 점점 밝아지는 당신 자신을 느끼게 될 것이다.

웃음이, 미소가 습관이 되어야 한다. 나는 아침에 잠자리에서 눈을 뜨면 일단 입꼬리부터 올린다. 그러면 저절로 두 눈은 아래로 처지면서 웃는 얼굴이 만들어진다. 그러면 그냥 기분이 좋다. 하루의 시작이 반갑고 즐겁다. 내가 매일 실천하고 있는 아주 간단한 방법이다. 당신도 당장 따라 해보라. 욕심은 사라지고 희망이 생긴다. 부질없는 것들은 다 내려놓고 오늘, 지금 행복해져라. 긍정적인 습관 만들기에 가장 좋은 특효약이기도 하다.

성취감을 맛볼 수 있는 자신 있는 일을 하라

시도해보지 않고는 누구도 자신이
얼마만큼 해낼 수 있을지는 아무도 모른다.

− 푸블릴리우스 시루스 −

초등학교 5학년 때 일이다. 우리 반 교실에는 작은 화분 5개가 창가에
놓여 있었다. 담임 선생님께서 어느 날 내게 그 식물들의 성장 일지를 써
보라고 하셨다. 처음에는 어찌할 바를 몰라 쳐다보기만 하며 하루 이틀
을 보냈다. 그러다 고개를 내미는 작은 새싹들의 앙증맞은 모습에 혼잣
말하듯 대화를 시작했다.

'와~ 오늘은 싹이 좀 더 올라왔네. 잎이 나왔어, 귀엽다. 정말 키가 쑥
쑥 자라네, 잘했어.' 행여 갈증이 나지 않을까 주전자에 물을 길어다 적
셔주기 바빴다. 햇볕 많이 받고 건강해지라고 이리저리 돌려주느라 쉬는

시간을 다 보내곤 했다. 그렇게 무언가에 정성을 쏟는 경험을 처음 해보았다. 숙제처럼 느껴졌던 일이 나의 주된 일과가 되었다.

밖에 나가면 숫기도 없고 너무나 내성적인 아이였다. 학교에서도 물론 있는 듯 없는 듯 정말 조용한 아이였다. 왁자지껄 시끌벅적 친구들이랑 웃고 떠들어본 기억이 없다. 그래서였을까? 어느 날, 우리집에 가정방문을 오셨다 가신 이후에 선생님은 뜬금없이 내게 그 일을 맡기셨다.

식물 관찰 일기를 쓰면서 나는 조금씩 변해갔다. 선생님의 잘했다는 칭찬에 용기가 생겼다. 친구들하고도 얘기하는 시간이 많아졌다. 웃음도 생기고 곧잘 장난을 치기도 했다. 아마도 그때부터였을 것이다. 학습에도 흥미가 생기기 시작하고 눈에 띄게 결과도 좋게 나왔다. 내가 학교생활을 자신 있게 한 것도 아마 그때부터였지 싶다. 아주 작은 일이지만 내가 잘하고 있다는 마음이 들면 자존감이 높아진다. 무언가 해냈다는 성취감이 기분을 좋게 하고 매사 긍정적인 마음을 갖게 된다. 앞으로 더 잘하고 싶은 생각이 마음속에서 일어난다. 남들이 모두 알아주는 거창한 일이어야 하는 건 아니다. 나를 북돋을 수 있는 일이면 아무리 사소해도 상관없다.

'천 리 길도 한 걸음부터'라는 속담도 있지 않나? 큰 목표를 설정해놓고 뜻대로 안 된다고 좌절하는 건 심각한 오버다. 하루아침에 건물이 올라가고 도로가 만들어질 수는 없다. 바닥부터 다지는 기초 공사가 필요하듯이 당신에게도 하나의 성취가 중요하다. 그로써 자신감이 생기면 또 다른 자신 있는 일에 도전하게 된다. 그리고 다시 성취감을 느끼게 되는 선순환을 일으켜야 한다.

그렇게 성취한 작은 것들 모두를 차곡차곡 쌓았을 때 비로소 큰 목표에 도달하게 되는 것이다. 나만이 느낄 수 있는 성취감이면 충분하다. 굳이 다른 사람들에게 알릴 필요는 없다. 혼자만의 비밀로 간직하면 그 만족감은 배가된다. 그리고 용기가 생긴다. 하나하나 자신 있게 일을 성취해나갈 때마다 기록을 해두는 것도, 큰 동기부여가 될 수 있다.

한 가지라도 이루어내는 게 중요하다. 가장 쉽게 도전할 수 있고 자신 있는 일을 하나 찾아보라. 그렇게 하나를 성취하고 나면 자신의 삶이 즐거워지고 세상이 긍정적으로 보인다. 성취감의 힘은 생각보다 강력하다. 무슨 일이든 도전하고 사는 게 인생이다. 그래야 삶의 활기가 생긴다. 행복한 인생을 꿈꾼다고 저절로 이뤄지지 않는다. 내가 내 삶을 주도적으로 선택하고 하나하나 성취해 나가야만 만족하는 삶이 얻어지는 것이다.

내가 좋아하는 일은 무엇인가? 어떨 때 행복함을 느끼는가? 내가 무엇을 할 때 기분이 좋은지를 생각해보라. 세상 사람들의 시선에 맞출 필요는 전혀 없다. 내가 행복해하는 그 일을 찾아 도전해보라.

결혼하고 아이 둘을 낳아 키우면서, 한때 나는 아무것도 못 하고 산다는 우울감이 몰려왔다. 특히 첫애를 낳고 살림할 때가 특히 심했다. 어쩌다 보니 언니, 오빠들도 모두 비슷한 시기에 결혼했다. 결국, 아기도 몇 달 간격으로 다 출산하게 되니 집마다 갓난아이가 있었다. 친정 부모님께 부탁드릴 처지도 아니었다.

개인 과외 요청이 들어와 그래도 잠깐 욕심을 부려보긴 했었다. 그러나 오고 가는 전철 안에서 아기에게 먹일 젖이 불어 상의를 다 적시니 차마 할 수가 없었다. 엄마를 기다리고 있을 아들이 눈에 밟혀서 그만 포기하고 말았다.

과천 어느 동네, 햇볕도 잘 안 들어오던 반지하 한 칸짜리 셋방에서 지낼 때가 생각난다. 친정 동네를 떠나 남편 회사 가까운 곳으로 이사를 한 것이었다. 그나마 부모님을 뵙고 살다가 낯선 곳에 뚝 떨어져 나오니 향수병까지 걸리고 말았다. 갈 데도 없고 온종일을 아들이랑 둘이 방안에만 틀어박혀 있었다. 지금도 그때를 생각하면 아들에게 미안한 마음이 들어 가슴이 시려온다. 이제 또래 친구 사귀며 사회성을 기를 4살 나이에 그렇게 갇혀 있다시피 했으니 말이다.

첫째랑 4년 터울로 둘째를 낳고 나니 차라리 마음이 편했다. 한 명도 아니고 둘을 어디 맡기고 무리해서 일할 생각은 들지 않았다. 집도 아파트로 이사해 생활하기도 좀 더 수월해진 상태였다. 그 후 몇 년이 내게는 가장 심리적으로 안정됐던 시간이 아니었나 싶다. 아이들에게만 오롯이 집중하던 시간이었다. 그러나 딸이 어느 정도 자라면서부터는 결국 가정주부로서만이 아닌 나만의 할 일 찾기가 시작되었다.

처음 한 일은 신문 배달이었다. 물론 직업으로 생각한 것은 아니고 집안일에 지장 안 주며 할 수 있는 1~2개월간의 모험이었다. 하지만 워낙 야행성이던 나의 생활습관까지 바꾸어가며 한 도전이었다.

그 후 학습지 교사, 아동도서 방문대여업 등으로 나의 시도는 계속됐다. 그러다 진짜 하고 싶은 일을 시작하게 되었다. 공인중개사 자격증 취득을 목표로 잡은 것이었다. 자격증을 위한 것이기보다는 책을 보고 공부를 한다는 그 자체가 너무 좋았다. 오히려 그 당시는 부동산에 관심이 많던 남편이 회사 퇴직 후에 하면 좋겠다는 반응이었다.

대학에서도 전혀 접해본 적 없는 생소한 법 과목들이라 대충이라도 한

번 학원 강의를 들어야 했다. 2~3개월 동안의 학원 수강을 끝내고 이후 시험일까지는 아침부터 밤까지 도서관에서 살다시피 했다. 그래도 전혀 힘든 줄을 몰랐다. 아이들한테는 소홀해져서 많이 미안했지만, 결혼 이후 그때처럼 내가 팔팔하게 살아있었던 적은 없었다.

몸은 고단해도 무언가를 성취하기 위해서 도전하고 있는 그 사실이 나를 들뜨게 했다. 먹는 것도 줄어들고 잠도 턱없이 부족했지만, 오히려 더 생기가 돌았다. 그때의 그 기분을 요즘 나는 책 쓰기를 하면서 새삼 다시 느끼고 있다.

대한민국에 월드컵 열풍이 뜨겁게 휘몰아치던 2002년. 그해 여름을 지나, 난 공인중개사가 되었다. 그것이 내 삶에 도움이 됐었는지는 별개의 문제다. 이후의 내 인생은 평탄하지 않게 흘러간 것도 사실이다. 그러나 나는 그때 얻은 자신감으로 무슨 일에든 도전하는 삶을 두려워하지 않고 살아올 수 있었다.

어떤 것을 선택하든 상관없다. 본인이 결정한 선택이라면 책임지고 앞으로 나아가면 된다. 새로운 시작이 어떤 결과를 낳을지는 누구도 알 수 없다. 하지만 아무 시작도 안 한다면 무엇도 성취할 수 없다. 잘되든 못되든 모두가 자신의 책임이다. 어떤 결과라도 스스로 책임지는 용기가 있는 사람이면 다시 또 도전할 수 있다. 다른 사람들이 옆에서 하는 말들에 현혹되지 말라. 조언을 듣고 잘못됐다 해서 그들이 책임져주지 않는다.

자기 자신의 선택에 대한 믿음을 가져라. 옳은 선택이었는지는 차후의 문제이다. 무엇보다 중요한 것은 그 선택을 내가 스스로 했다는 것이다. 그래야만 성취했을 때의 만족감이 온전히 내 것이 된다. 그리고 실패했을 때의 책임도 기꺼이 지게 되는 것이다.

나보다 남의 기분을 먼저 살피는 생활에서 벗어나라. 타인의 눈치를 보면서 싫어도 좋은 척하며 살지 말라. 경우 없이 멋대로 살라는 얘기가 아니다. 내가 좋아하는 일을 찾고 도전하며 살기에도 짧은 인생이다.

사회적인 분위기가 이제는 많이 달라졌지만 그래도 여전히 고정 관념들이 존재한다. 싫어도 해야 한다거나 내 마음대로 하고 사는 건 불가능하다는 편견이다. 먹고살려면 어쩔 수 없는 일이라고 체념하지 말라. 한 번뿐인 인생은 내가 원하는 대로 살아야 한다. 자신이 하기 싫은 일을 과감히 그만뒀을 때 비로소 하고 싶은 일들을 만날 수 있다. 좋아하는 일을 하며 성공하는 것은 일부 사람들만의 특권이 아니다.

좋아하는 일 하면서 성공하여 부자로 잘사는 사람들이 있다. 그들은 어려운 환경에서도 절대 포기하지 않았다. 작은 것 하나부터 차근차근 성취하는 삶을 만들어갔다. 당신도 할 수 있다. 자신이 좋아하고 잘하는 일을 시작하라. 그런 성취감을 맛보면서 당신은 점점 긍정적인 사람이 되어간다. 자신감이 넘치고 용기가 샘솟는다. 거기서부터 시작하라. 곧 당신도 자수성가한 부자가 되어 있을 것이다.

마음의 평정심을 유지하라

행복은 육체적 욕망이나 감정적 욕구에 대한 만족이 아니라,
인생에 어떤 운명이 닥쳐도 초연할 수 있는 평정심에서 나온다.

― 루키우스 세네카 ―

강원도 오대산 월정사에 딸을 남겨두고 돌아온 나는 아무 생각도 할 수 없는 상태였다. 내 마음인데 어디를 어떻게 헤매고 다니는 건지 알 길이 없었다. 당시는 나 또한, 하고 있던 공인중개사 사무소 일은 접은 상태였다. 학교 친구들과 만나 수다라도 떨어볼까 해도 이내 정신은 다른 데로 가 있기 일쑤였다. 술을 마시면 한두 잔에 쉬이 인사불성이 되곤 했다. 그런 내 모습에 친구들은 농담 아닌 농담을 건넸다. 딸이랑 같이 너도 절에 들어가는 건 어떠냐고 하면서.

내 마음을 다잡을 수 있는 무언가 방법이 필요했다. 나는 정신을 차리

고 바로 그다음 날로 집에서 30여 분 거리에 있는 용주사로 차를 몰았다. 딱히 불교 신자가 아니라 예법도 제대로 모르는 상태에서 무작정 대웅전으로 향했다. 매일 하루에 1,000배씩이라도 무조건 해봐야겠단 마음을 먹고 나선 길이었다. 사실 마음이 복잡할 때 어쩌다가 한 번씩 들르는 절이 있었다. 사람도 없고 한적하니 아무것도 않은 채 혼자 조용히 마음 추스르기에 너무 좋은 곳이었다. 그러나 1,000배를 하려면 아무래도 시간이 오래 걸릴 것이었다. 그러자면 큰 절이 나을 것 같았다.

나는 종교인이 아니고 또 종교인이 될 수도 없는 사람이었다. 어디 한 군데 속해서 배타적이고 맹목적인 믿음을 가질 수 있는 성향은 아니었기 때문이었다. 평소 어떤 종교가 됐든 그 길은 하나라고 생각하는 나였다. 아이들한테도 원한다면 본인 마음에 맞는 종교를 선택하라고 말하곤 했다. 그런 나는 1년에 두세 번은 아무도 없는 조용한 시간에 절을 찾아갔다. 혼자 있는 시간을 통해서 에너지를 얻는 성격상 조용한 절이 그나마 마음 편했기 때문이다.

다리가 후들거리고 식은땀이 등줄기를 타고 흐른다. 그런데도 3월의 찬 기운이 손발에는 계속 남아 있는 상태다. 시간이 더 흐르면서 몸은 그냥 자동으로 움직였다. 사실 뭔가 소원 성취를 구하기 위한 절이 아니었다. 오직 내 머릿속 잡념을 비워내기 위해 몸을 괴롭히고 있는 중이었다.

하지만 그조차 생각만큼 쉽지는 않았다.

나 말고도 대웅전에는 절을 하는 두세 명의 사람들이 더 있었다. 그중에 한 분이 어딘가 영 어설퍼 보였을 내게 다정하게 말을 건넨다. 찬찬히 제대로 절을 하는 방법을 가르쳐주었다. 그리고는 '백팔 대참회문'이라 쓰여 있는 책자도 한 권 내밀었다. 나중에 얘기를 들어보니 그분들은 1,000배씩 3일에 걸쳐 3,000배를 하고 계셨다. 그리고 그런 절 수련을 어쩌다가 아니라 때마다 꾸준히 하시는 분들이셨다.

조언과 더불어 잠깐의 휴식 후에 다시 절 수련은 이어졌다. 몸의 움직임이 서서히 안정되어가면서 어느 순간 내 머릿속 상념들도 사라지고 있었다. 주위에 아무것도 없는 텅 빈 곳에 절을 하는 내 존재만이 남아 있는 기분이 들었다. 얼마 동안 계속할지에 대한 생각도 없던 나는 그분들을 따라 3일 3,000배를 하고 돌아왔다.

나는 과거와 미래에 빠져 허우적거리고 있었다. 몸은 지금 현재에 있는데 마음은 지나간 일들과 아직 오지 않은 일에 두려워하고 있었다. 내 마음인데 나는 그곳에 있지 않았다. 온갖 생각과 감정들로 꽉 들어찬 내 마음의 주인은 이미 내가 아닌 상태였다. 굳건하게 지키고 있어야 할 내 마음을 빼앗긴 채 밖으로만 정처 없이 헤매고 다녔다.

내 마음을 정확히 알 수 있는 사람은 나 자신밖에 없다. 마음이 복잡하고 혼란스러울 때 답을 구해야 할 곳도 어디 바깥이 아니라 바로 내 안이다. 내 안의 감정과 생각들을 제대로 바라봐야 한다. 그리고 그것들과 내가 계속 동행할지 흘려보낼지를 선택해야 한다. 내 마음의 주인은 다름 아닌 나이기 때문이다.

제멋대로 파도가 넘실대는 마음의 바다를 다시 잠잠하게 다스려라. 자기 자리를 엉뚱한 것들에게 빼앗기지 마라. 내가 어떤 생각과 감정을 받아들일지 결정하는 권한은 자기 자신에게 있음을 깨달아라. 그리고 분명히 선택하라. 그것이 내가 내 마음의 주인으로 온전히 살아가는 방법이다.

해가 바뀌도록 코로나 19라는 무서운 전염병은 잡힐 기미가 보이질 않는다. 생각지도 못한 일로 삶의 위기를 겪고 있는 사람들의 마음속에는 불안감이 끝도 없이 자란다. 너 나 할 것 없이 하루하루 답답한 마음에 모든 걱정을 끌어안고 살아가고 있다. 하지만 걱정한다고 해결될 문제가 아니라면 내려놓아야 한다. 불안함에 마음을 빼앗기지 말고 되도록 긍정적으로 생각하기 위해 노력해야 한다. 내 마음이라도 쉽게 통제가 되지 않는다는 걸 우리는 너무 잘 알고 있지 않은가? 과학적으로는 통상 사람들이 부정적 감정보다 긍정적 감정을 더 많이 느낀다고 한다. 그런데도 요즘은 부정적 감정에서 빠져나오지 못하는 사람들이 점점 많아지고 있다. 스트레스가 가득한 사회에 살아가고 있음을 인정하지 않을 수 없는 것이다. 그럼에도 끝없는 스트레스에서 오는 부정적 감정을 그때마다 해소해야 제대로 살 수 있다. 평생을 불안과 초조, 분노와 두려움을 가지고 지낼 수는 없지 않은가?

어디로 휩쓸려가고 있는지 모르는 내 마음을 돌아보라. 우울과 분노와 같은 감정에 자기 마음을 빼앗겨서는 안 된다. 항상 내 마음이 잘 있는지를 무엇보다 먼저 챙겨라. 자기 자신을 위해 마음의 평정심을 찾아야 한다. 마음의 평정심을 찾고 내 안에 원래 들어 있는 긍정을 찾아야 할 것이다. 삶이 점점 더 나아질 것이라는 기대를 해보자. 그리고 그것은 당신 자신이 스스로 해낼 수 있다는 믿음을 가지자. 예고 없이 밀려들어 오는 감정이라는 손님에 동요하지 말고 평온하게 바라보고 돌려보내자.

불편하고 부정적인 감정이 마음에 차오르는 것을 조용히 느껴라. 그리고 차분하게 그것이 대체 무엇인지 살펴보라. '어, 너는 불안이구나.' '두려워하고 있네.' '분노가 일어났다.' '화가 나는구나.' '슬픔이 몰려들었네!' 감정 하나하나를 바라보고 이름을 붙여줘라. 그러고 나면 당신의 마음속이 어느 틈에 잠잠해지는 것을 깨닫게 될 것이다. 그것이 바로 마음의 평정심을 유지하기 위한 첫 번째 단계이다. 당신의 생각과 감정을 제대로 바라보는 것, 즉 알아차림이 중요하다.

마음속엔 이런저런 삶의 굴곡에 따라 여러 감정이 마구잡이로 일어나고 밀려들어온다. 그 각각을 이름을 붙여 알아봐주되 절대로 반응하지는 말아야 한다. 불안에 반응을 해주면 더 불안해지고 슬픔에 반응하면 더 깊은 슬픔의 나락으로 빠져버린다. 마음의 평정심을 유지하는 두 번째 단계가 바로 그것이다.

내 안의 부정적인 감정을 동요 없이 바라봐주는 것과 그 감정들에 반응하지 않는 것. 그 두 가지가 부정적인 생각과 감정에 빼앗긴 내 마음의 평정심을 되찾기 위한 최고의 방법이다. 기쁨에 들뜬다거나 하는 과잉 감정에도 평정심을 유지해야 하는 것은 마찬가지다. 내 삶이 행복해지는 긍정적인 습관을 만들려면 꼭 필요한 것이 평정심이다.

각자 자신만의 마음 다스리는 방법들을 찾아보라. 흔히 우리가 평정심이라 하면, 가장 먼저 떠오르는 호흡 명상도 너무나 좋은 방법이다. 들이쉬고 내쉬는 호흡에만 오롯이 집중하다 보면 마음은 텅 비게 된다. 내가 살아 있음을 느끼는 크나큰 축복의 순간이다. 아등바등하며 사는 모든 것들이 부질없음을 저절로 깨닫게 되는 진정한 평화의 시간으로 다가올 것이다. 혹은 내가 그랬듯 108배나 1080배, 혹은 3000배에 도전해보라. 그것에 종교적인 의미를 둘 필요는 없다. 마음속에 들어찬 복잡한 감정과 생각의 찌꺼기들을 비우기 위한 시간이다. 순수하게 내 마음을 돌아보고 성찰하기 위한 수련일 뿐이다. 여하간 자기 자신의 감정을 스스로 조절할 수 있는 능력을 키워야 한다. 맛있는 음식과 좋아하는 취미생활, 또는 질 좋은 수면도 당신의 컨디션을 좋게 유지해줄 것이다. 뭐든 좋다. 당신이 평소 나쁜 기분에서 빨리 빠져나올 방법들을 찾아라. 연중무휴 정신없이 돌아가는 일상의 소음에서 벗어나는 것도 한 가지 방법이 될 것이다. 핸드폰을 아예 손이 안 닿는 곳으로 치우고 아날로그적인 삶으로 돌아가보라. 사랑하는 사람에게 단 몇 줄이라도 손편지 쓰는 시간을 갖는 건 어떨까?

나의 에너지가 타인을 향해 있을 때 내 마음의 평정심은 깨진다. 당신의 행복은 다른 누군가가 만들어주지 않는다. 좋은 관계에서 행복한 감정을 느끼는 것도 당신이 그렇게 선택했기 때문이다. 다시 한 번 말하지만, 당신 마음의 주인은 당신 자신이다. 자기 자신이 세상 누구보다 소중하고 귀한 존재임을 인식해야 한다. 자신을 스스로 아끼고 당신 자신을 사랑하라. 그래야만 마음의 평정심을 유지할 힘이 생긴다. 모든 일에 긍정적이고 삶의 만족감이 높아진다. 아무 이유 없이 행복해진다. 마음의 평정심을 유지하는 것은 어떻게 보면 쉽고 간단하다. 당신이 행동하지 않았을 뿐이다. 다만 꾸준히 반복하는 게 중요하다. 어떤 좋은 것이라도 완전히 습관이 되어야 과거로 돌아가지 않는다. 일상에서 평정심을 유지하는 긍정적인 습관을 지닌 사람으로 거듭나라.

자기 자신을 믿어라

자신을 신뢰하는 사람이야말로
참된 위인이다.

- 랄프 왈도 에머슨 -

"왜 은희는 일등 하면 안 되나요?" 질문을 가장한 도전적인 말이 어디선가 툭 튀어나오자 순간 당황하신 선생님. 잠깐의 침묵이 흐르고 책상을 등지고 앉아 계시던 선생님이 줄 뒤쪽에 서 있는 나를 보며 말씀하신다. "안 되긴 왜 안 돼, 이놈아! 그럼 네가 해라, 전교 일등." 중3 때였다.

담임 선생님이 나를 포함, 예닐곱 명을 점심시간이 끝날 무렵 교무실로 부르셨다. 그리고 한 명 한 명 차례로 마주하시곤 다가오는 시험에 관한 얘기를 하셨다. 너는 이번에 전교 몇 등, 반에서 몇 등은 하라는 요지의 말씀이었다.

소위 그런대로 평소 성적이 되는 친구들을 불러 모으신 것이었다. 나도 어쩌다 보니 그 속에 끼어 있었다. 문제는 반에서 1, 2등을 교대로 하던 친구 둘에게 선생님이 제시한 목표치가 다른 것이었다. 그것이 내 심사를 뒤틀리게 했다. 같은 반 친구라 다 친하게 지냈다. 하지만 특히 그 중에 은희가 나랑 늘 붙어 다니던 친구였다는 게 큰 이유이긴 했다. 그 친구도 충분히 전교 1등 할 수 있는데 선생님은 전교 1등의 목표를 다른 친구에게 넘긴 것이다. 그러니 내가 부아가 날 밖에.

암튼 교무실에 모인 친구들과의 상담 아닌 상담이 다 끝났다. 맨 마지막에 서 있던 나와 마주한 선생님. "그래 그럼 우리 ○○이가 전교 1등 하는 거다. 알겠지, 이놈아." 그날의 마무리는 내가 전교 1등을 하는 것으로 얘기가 끝났다. 그때 시험에 은희가 전교 1등을 했는지, 다른 친구가 했는지는 기억이 안 난다. 물론 나는 아니었다. 내가 학창 시절 때 낸 등수로는 전교 5등이 최고였기 때문이다. 그런데 생각해보면 난 늘 자신이 있었다. '행복은 성적순이 아니잖아요.'의 모델을 해야 했다.

요즘 TV나 SNS상에는 완벽하게 성공하고 행복해 보이는 사람들로 넘쳐난다. 자연히 상대적인 박탈감을 느끼게 만드는 사회가 되어가는 것이다. 이 정도의 차는 몰아줘야 하고, 저런 멋진 집에서 살아야 한다는 듯 온갖 광고가 넘쳐나고 있다. 나만 인생을 제대로 못 살고 있다는 자괴감에 빠지기 쉬운 세상이다. 한편으로는 부러움에 어떻게든 비슷해져 보이려고 갖은 애를 써보기도 한다. 그러다 다시 스스로가 한심해지는 초라한 감정의 굴레에서 벗어나지 못한 채 살아가고 있다.

경제적인 여유가 있으면 행복하다. 시험에서 일등 하면 순간 날아갈 것처럼 기쁘다. 취업전선에서 살아남아 합격을 하면 세상 다 가진 듯 행복하다. 새 집과 새 자동차를 장만하면 그 또한 기분이 우쭐해진다. 그래서 당신은 그 행복이 영원하다 믿는가? 조금만 시간이 지나도 나보다 더 가진 누군가가 부러워진다. 다음 번 시험에서 2등으로 떨어지면 창피함에 못 견딘다. 승진을 못 해서 자신감이 추락한다. 더 좋은 집과 더 멋진 자동차를 가지지 못하는 것에 슬퍼진다. 여전히 당신은 행복한가?

지금 일본에서는 20대의 행복지수가 가장 높게 나왔다는 얘기를 들었다. 경제적인 불황 탓에 자신이 누려야 할 삶을 다 포기하니 오히려 행복해지더라는 것이다. 하지만 과연 그것이 진정한 의미의 행복일까?

성공도 행복도 자기 자신이 만들어내는 것이다. 그 모든 성취가 당신의 힘을 바탕으로 이루어진다. 그 힘이란, 존재 자체로서 빛나는 자기 자신을 믿고 사랑하는 데서 뿜어져 나온다. 그렇지 않으면 모래 위에 지어진 성과 다를 바 없다.

"○○아, 너 우리 학교에서 모르는 사람이 없더라. 굉장히 유명해졌어." 친구가 숨도 안 쉬고 빠르게 말을 뱉어낸다. "얘가 뭐라니? 뭔 말이 되는 소릴 해야지, 정신 차려라." 기가 차고 터무니없는 얘기였다. 우리 대학에 학생들이 얼마나 많은데 특별할 것 하나 없는 내가, 뭐 땜에 유명하다는 건지 실소가 나왔다.

어이없어하는 내 표정을 본 친구가 내 옷 위에 달린 학교 배지를 톡톡 건드린다.

"이거, 이게 뭐?"
"야, 우리 학교 전체에서 학교 배지 당당하게 달고 다니는 사람이 너밖에 더 있니?"

그러고 보니 지금 말하고 있는 친구도, 다른 아이들에게서도 옷에 학교 배지가 달린 것을 본 적은 없었다.

얘기인즉슨 이랬다. 전기 대학 떨어지고 후기 대학에 다니는데 누가 창피하게 학교 배지를 하고 다니느냐는 말이었다. 그러니 통학버스에서 아무렇지 않게 하고 다니는 나를 본 학생들이 입에서 입으로 소문을 퍼트린 것이다. 난 결국 신문방송학과 1학년에 웬 이상한 애가 되어 있었다.

사실 난 학창 시절 때 학교에서 하라는 대로만 무조건 잘 따르는 학생이었다. 색깔 들어간 운동화는 안 된다 그러면 죽어도 그런 신발은 사지도 신지도 않았다. 사복으로 다니면 안 된다 해서 딱히 옷이 없기도 했지만, 잠깐 외출할 때도 교복을 입던 나였다. 대학에 입학하고 학생들에게 제공된 물품 중에 학교 배지가 들어 있었다. 그래서 뭐 난 당연하게도 옷에 달고 다닌 것뿐이었다.

암튼 그 얘기를 전해 듣고 난 처음으로 세상의 시선을 느낄 수 있었다. 부모, 형제 그리고 내 친구 중 누구도 나에게 그렇게 말을 한 사람이 없었는데 말이다.

'아~ 후기 대학은 창피한 거로구나!'

중3 때부터 가진 꿈이 신문방송학과 진학이었다. 학력고사에서 기대했던(담임 선생님 표현이다.) 만큼 성적이 안 나와 전기 대학에 떨어졌다. 마침 그해 신문방송학과가 최초로 신설된 학교가 있었다. 맨 처음 아버지가, 신문에 난 모집 공고에서 발견하고 알려주셨다. 그리고 내 고집을 알고 계신 담임 선생님은 알아서 먼저 원서를 써놓으셨다. 나는 왕복 7시간의 통학을 감수하고 오직 신문방송학과 진학을 위해 학교를 선택한 것이다. '왜 창피해야 하는 거지?'

물론 그 학과를 졸업하고 내가 뜻한 바대로 이룬 것은 하나도 없다. 생각해보면 치열하게 노력하지도 않았고 정보도 부족했다. 방송국 취업시켜 준다며 10돈짜리 금 거북이와 저녁 식사 비용을 요구하는 말도 들어봤다. 나는 깨끗이 포기했다. 그러다 남편을 만나 결혼을 하고 아이 둘을 낳아 키우는 가정주부의 생활로 들어섰다. 이런저런 인생을 살아오며 몇 번의 굴곡이 있었지만 나는 내 모습을 잃지 않았다. 여러 번 자아 상실의 고비를 겪기도 했지만 난 이겨냈고, 여전히 나 자신을 믿는다.

지금 있는 그대로의 나를 사랑한다. 남들의 시선이 어떤 눈초리로 나를 바라보든 개의치 않는다. 내 삶에 다른 사람들의 생각 따위는 중요하지 않다. 나보다 잘난 사람들이 부러울 때도 있지만 그렇다고 내가 못났다고 생각하지도 않는다. 제때 이루지 못해 놓쳐버린 꿈도 있다. 생각해보면 아쉽기도 하고, 좀 더 열심히 살았더라면 하는 후회가 남기도 한다. 그러나 지난 과거는 돌이킬 수 없지 않나?

그보다는 현재의 나를 격려하며 또 다른 꿈을 꾸는 편이 옳다. 내가 서 있는 지금 여기, 이 자리에서 꿀 수 있는 꿈은 아직도 무궁무진하다. 그것만으로도 충분히 가슴 설레고 행복할 수 있음을 나는 알고 있다. 자신이 좋아하고 잘하는 일에 온 마음을 쏟고 최선을 다하는 그때 비로소 행복은 찾아온다. 다른 무엇도 우리에게 그만큼의 기쁨을 주진 못한다.

무언가를 성취하고자 할 때 가장 기본이 되어야 하는 것은 자기 자신에 대한 믿음이다. 자기 자신을 사랑하고 믿는 사람들은 쉽사리 열등감과 패배감에 빠져들지 않는다. 또한, 그런 사람들이 인간관계에서도 다른 사람들을 믿고 존중하는 것이다. 자기 자신을 믿으면 힘이 생긴다. 지금부터 내가 할 수 있는 가치 있는 일을 찾아보자. 내가 좋아하고 잘하는 일을 시작하자. 모두가 위대한 성공을 이루어야 하는 건 아니다. 다른 사람들의 눈높이에 자신을 맞추려고 하지 마라. 행복의 모습은 사람마다 다 제각기 다른 것이다.

진정으로 내 마음이 원하는 일을 찾았다면 더는 남이 하는 말에 흔들리지 마라. 그저 한쪽 귀로 듣고 다른 쪽 귀로 흘려버리겠다고 마음먹어라. 쓸데없는 말과 생각으로 자기 자신을 의심하지 마라. 자신의 마음이 시키는 일을 굳게 믿고, 즐기며 실천하는 사람만이 세상에서 성공할 수 있다. 그때가 돼서야 인생에서 맛볼 수 있는 최고의 행복을 누리게 될 것이다.

삶의 변화를 원한다면, 무엇보다 자기 자신을 정확하게 알아야 한다. 자신이 가진 힘을 찾고 거기에 집중할 때 비로소 진정한 변화가 일어난다. 힘은 내면에서부터 나오는 것이다. 외부에서는 아무리 찾아도 찾아지지 않는 게 인생의 법칙임을 기억하라. 마음속에서 올라오는 순수한 생각에 초점을 맞추고 살아야 한다. 모든 삶의 문제에 대한 해답은 내 안에 들어 있다. 자신을 깊이 성찰하고 항상 자신의 목소리에 주의를 기울여라. 그리하면 당신이 원하는 모든 것이 당신 앞에 모습을 드러내리라. 언제 어디서든 자기 자신이 주인공임을 잊지 마라. 당신의 삶도 얼마든지 빛날 수 있다.

06

스스로 실수에 관대하라

우리는 실수하지 않는다.
그저 행복한 작은 사건들, 사고들이 있는 것이다.

- 밥 로스 -

사람은 누구나 실수를 하고 산다. 아주 작은 실수부터 돌이킬 수 없는 커다란 실수까지도 우린 때로 피해가지 못한다. 될 수 있으면 실수를 안 하기를 바라고 그러기 위해 노력하면서 사는 게 우리 인간들이다. 나 또한 인생을 살아오면서 많은 실수가 있었고 어쩌면 지금도 그렇게 살아가고 있을지도 모른다.

보통, 사람들이 지난 기억을 더듬으며 얘기하는 것들은 실수라기보다는 대부분 황당한 종류의 사건들이 많다. 국경일인 줄 모르고 학교에 간다거나 가족 차를 기다리다가 남의 집 차에 올라탄다거나 하는 그런 것들 말이다. 그러나 내게는 삶의 방식이 완전히 뒤바뀌게 되어버린 실수, 아니 실패가 있었다. 18년간의 결혼생활을 스스로 정리한 것이 그것이다. 스스로 결정한 것이니 실수나 실패라고 할 것까지는 없겠지만 세상의 잣대로 보면 그렇다. 그리고 무엇보다 자식들에게 크나큰 상처를 남긴 실패였음은 분명하다.

사람은 어떤 계기로 인해 자신이 살아온 삶을 되돌아보게 된다. 나 또한 그랬었다. 생각지도 못한 일이 도화선이 되어 나의 지난 인생 전부를 흔들어놓았다. 그리고 나서야 내 마음속 상태가 그동안 어떠했는지를 들여다보게 되었다. 무슨 대책이 있는 것도 아니었다. 소위 말하는 남편 그늘 밑이 편할 수 있었다. 결혼하고 여태껏 그렇게 살아왔으니 더 망설여지는 게 어쩌면 맞는 것이었으리라. 하지만 난 전혀 그런 생각이 들지 않았다. 오로지 하나, 아이들에게 미안한 마음뿐이었다. 엄마랑 아빠가 싸우는 모습을 한 번도 본 적이 없는데 그게 더 문제 아니냐는 딸의 말이 맞았다. 서로 너무 잘 이해해서가 아니고 서로가 무조건 참고 살았다고 해야 하나? 정확히 설명할 수는 없지만 같은 방향을 보며 갈 수 없었던 것만은 확실했다.

어느새 13년의 세월이 훌쩍 지났다. 나는 그럭저럭 나쁘지 않게 살아왔다. 먹고사는 일에 치중하느라 자신을 돌아볼 시간은 부족했지만, 그런

대로 만족한 삶이다. 아이들과 이런저런 일로 부대끼며 울고 웃으며 살아온 시간에 감사하다. 하지만 어느 날 청천 벽력같은 소식으로 부모님 가슴에는 씻을 수 없는 상처를 안겨드렸다. 오랫동안 가슴 아파하시던 모습을 잊을 수가 없다. 그런데도 두 분 돌아가시는 순간까지 곁을 지킬 수 있었던 것도 내가 혼자였기에 가능했으리라. 그 사실만으로도 감사하다.

애들 아빠가 진짜 자신의 짝을 만나 단란한 가정을 꾸리고 사는 것도 참 고마운 일이다. 사람은 사랑을 주고받으며 살아야 하는 존재인데 뒤늦게라도 찾았으니 얼마나 다행인가! 10년 넘게 아빠를 못 보고 있는 딸로서는 엄마의 그런 마음을 이해할 수 없단다. 하지만, 순전히 내 마음으로서만 생각해보면 그 사실에 감사하다.

유난히 자신의 실수에 예민한 사람은 어릴 적 부모의 양육 태도와 관련이 있다는 연구 결과가 있다. 자라면서 부모로부터 존중을 받아본 경험이 적으면 그럴 수 있다는 것이다. 나는 우리 아이들에게 어떤 엄마였는지가 살짝 불안해진다. 하지만 정작 나는, 나의 부모님으로부터 충분히 존중받으며 자랐다. 결국, 그 경험이 나를 항상 지탱해주고 있다. 내게는 흔들릴지언정 망가지지 않고 자기 자리를 찾는 힘이 있었다. 그래서였을까? 실수와 실패에도 나는 나에게 관대하다. 사는 동안에 한 번도 상상해본 적 없는 일이었지만 정작 벌어지고 나니 너무도 담담했다. 그저 '인생을 살아가면서 이런 일도 겪게 되는구나!' 하는 생각이 들었을 뿐이다. 아이들에 대한 안타까움 외에 그 순간 내게는 아무 일도 일어나지 않은 듯 평온했다.

우리는 누구나 때때로 실수를 한다. 물론 실수의 정도가 가벼운지 무거운지의 경중의 문제는 있을 수 있다. 암튼 여러 가지 사고나 실수는 우리가 예상하는 것 이상으로 흔히 일어나는 일이라는 것이다. 실수를 안 하려고 노력하는 데에는 한계가 있다. 삶 곳곳에서 돌발적으로 벌어지는 일들이 실수이기 때문이다. 따라서 실수를 안 하려고 애쓰는 것보다 더 중요한 것은, 실수했을 때 어떻게 대처하느냐이다.

이미 일어난 실수 앞에서 스스로 부족한 사람이라고 느끼는가? 불안함에 자제력을 잃고 감정에 휩쓸리지는 않는지 생각해보라. 그 일을 확대 해석해서 과장되게 받아들이고 있지는 않은가? 그러면 고통만 커질 뿐이다. 혼자만의 시간에 갇혀서 반복하는 자기비하를 멈춰라. 세상이 무너져도 솟아날 구멍이 있다지 않나! 주저앉지 말고 앞으로 나아가야 한다. 그래야 빛을 발견하고 그 상황에서 벗어날 수 있다. 지금 당장 아픔에 흔들리지 말고 일어설 용기를 내라. 실수를 인정하고 다음 발걸음을 향해 나아가야 한다.

벌어진 실수를 해결하는 데 오히려 마음을 집중해야 하는 게 맞다. 그리고 그 일을 계기로, 더욱 성장하는 자기 자신을 만날 준비를 하는 것이다. 자기 자신의 마음이 다친 상태로는 어떤 것도 대응해나가기 어렵다. 가장 먼저 자신의 마음을 챙기고 회복하는 시간이 필요하다. 자기가 좋아하는 일, 그러면서도 마음에 안정을 가져다주는 활동을 찾아서 하라. 자기 자신을 존중하는 긍정적인 말을 스스로 따뜻하게 건네줘라. 나를 이해하고 수용해줄 사람은 이 넓은 세상에 자기 자신밖에 없다. 결국, 실수한 나에게 괜찮다며 토닥여줄 수 있는 사람도 자기 자신이 유일하다.

실수한 자기 자신을 측은하게 여기는 마음이 있어야 한다. 위로라는 것은 나 아닌 타인에게만 하는 것이 아니다. 스스로에게만 유독 엄격한 잣대를 들이대지 마라. 진심으로 자기 자신을 좋아하고 사랑해야 한다. 완벽하지 못하니까 사람이다. 여러 가지 감정들을 완벽하게 제어하지 못하는 인간이기 때문에, 이런저런 실수들이 생긴다. 그것이 우리의 모습이다. 그렇다고 자기 자신이 의미 없는 존재라고 생각하는가?

실수를 인정하라. 잘못을 시인했다고 자기 자신을 그 일로 끝없이 몰아세우라는 말이 아니다. 실수하는 순간 이미 당신은 상처받았다. 그 상처를 보듬으면서 실수에 관한 나쁜 감정들을 다 놓아줘라. 그리고 다시 시작하라. 실수는 단지 잘못된 하나의 행동이었을 뿐이다. 당신의 존재 자체가 폄하될 문제가 절대 아니라는 것이다. 자기의 실수 때문에 자신의 존재가치를 부정하는 우를 범하지 말라. 스스로 관대하지 못한 사람은 타인의 실수에도 관대함을 보일 수 없다.

 한 번의 실수도 없이 세상을 살아갈 수는 없다. 오히려 우리의 인생길에서는 실패의 경험이 꼭 필요한 것일지도 모르겠다. 실수나 실패는 잘못이 아니다. 인정하고 돌아보면서 새로운 길로 나아가기 위한 이정표다. 세상을 살다 보면 누구나 경험할 수 있는 실수와 실패라는 걸 편안히 받아들여라. 스스로 실수에 관대하게 대하는 것만이 당신의 인생을 긍정적인 방향으로 이끌어줄 것이다. 자기 자신의 실수에 관대해져라. 더 나은 인간이 될 기회였다고 생각하라. 그리고 노력하라. 자기 존재의 귀함을 알고 가치 있는 일을 찾아 나서라. 실수에 관대한 사람만이 진정한 행복의 문으로 들어서리라.

07

먼저 칭찬하라

태어나기를 7개월 반 만에 나온 나는 참 늦되었다. 당시에도 인큐베이터라는 게 존재했었는지는 모르겠다. 하지만 한 데서 태어나 살아난 게 용할 지경이었으니 그런 건 당치도 않은 일이었다. 암튼 유치원 대신 1학년을 두 번 다니게 될 상황은 면했지만 나는 지금 생각해도 참 어리숙했다. 집에서 학교까지 걸어 다녔는데 당시 꼬마 걸음으로 40분이 걸렸다. 차가 다니는 도로 옆을 쭉 걸어가야 했다. 나는 겁에 질려 늘 한쪽 벽에 딱 붙어 걸었다. 한쪽 손은 늘 벽을 짚은 채 잠시도 떼지 않았다. 건물이 없는 구간을 지날 때도 손은 뻗은 상태였다. 그렇게 학교를 오가는 데만도 만만치 않은 등하교 길이었다.

초등학교 저학년 때의 학교생활은 사실 기억에 몇 개 남아 있지 않다. 학교 운동장 조회시간에 뒤에 서 있던 아이들이 계속 꼬집고 괴롭혔던 생각만 붕 떠다닌다. 아이들한테 당하면서 선생님께 말도 못 하고 옷에 실수를 한 일도 있었다. 재래식 학교 화장실은 당시엔 문 밖에도 나무로 된 잠금장치가 있었다. 자꾸 열리는 걸 막을 요량이 아니었나 싶다. 한번은 아이들이 내가 안에 있는 상태에서 화장실 문을 밖에서 잠그고 도망쳤다. 수업 종이 울리고 사방이 조용해지자 갑자기 무서움이 몰려들었다. 문을 열어달라고 애타게 소리치던 그때의 기억은 지금도 마치 꿈속의 일처럼 느껴진다.

그런데도 나는 학교에 안 가겠다고 떼를 썼던 적은 없지 싶다. 학교 가지 말라는 말에 오히려 아버지한테 달려들어 그런 말 하지 말라고 입을 막 때렸다. 집 근처 버스 차고지를 지나다 기름에 찌든 돌바닥에 넘어져 무릎에 피가 흐르는데도 학교로 향했다. 무엇이 나를 친구도 하나 없는 학교에 그토록 열심히 다니게 했을까?

나는 그것이 칭찬의 힘이라고 생각한다. 4남매 중 막내로 태어난 나는 늘 응석받이 귀염둥이였다. 부모님과 오빠, 언니의 사랑을 받으며 자랐다. 부모님은 두 분 다 일하러 나가시고 무서운 큰오빠의 집합시간에도 난 울음이 터지면 열외였다. 아주 사소한 것도 늘 최고로 잘했다고 칭찬해주시는 부모님. 든든한 언니와 오빠들. 학교에서의 일은 내게 아무 문제가 되지 않았다. 워낙 어렸던 탓도 있겠지만, 그때가 상처로 남아 있지 않은 것만 봐도 칭찬은 내게 무기가 되고 있었다.

내가 앞에서도 밝혔듯이, 학교 공부에 흥미를 갖게 된 계기도 5학년 때 선생님이 해주신 칭찬 덕분이었다. 칭찬은 선생님이 내게 보여주시는 관심이었다. 어린 제자가 학교생활에 잘 적응할 수 있도록 용기를 주셨다. 무엇에 대한 것이었던 일단 칭찬을 들으면 또 다른 일도 더 잘하고 싶은 욕심이 자라나게 마련이다.

6학년 때 담임 선생님은 수우미양가로 나누어 분단을 만드셨다. 짝꿍을 정할 때는 공부에 도움을 주라고 수 분단 여자, 가 분단 남자 이런 식으로 같이 앉혔다. 어느 날 무엇 때문인지 짝꿍 남자애랑 말다툼이 생겼는데 갑자기 손바닥으로 내 얼굴을 쳤다. 그 즉시 내 손도 그 아이의 뺨을 올려붙였다. 나는 그렇게 부당한 일에 맞설 수 있는 아이로 바뀌어 있었다.

이렇듯 진심을 담은 칭찬의 말 한마디는 누군가의 마음속에서 자신감이 되고 용기가 된다. 자신이 들은 칭찬에 걸맞은 사람이 되고자 노력하게 된다. 더 나은 사람이 되고 싶다는 꿈을 키우게 한다. 그리고 그를 지

탱하는 단단한 버팀목이 되어준다. 급기야 그의 인생까지도 바꾸는 힘을
가지는 것이다.

『칭찬은 고래도 춤추게 한다』라는 책이 한동안 우리 사회에 열풍처럼
휩쓸아쳤었다. 그래서 그 후, 우리들의 생활 속에 칭찬이 넘쳐나고 있을
까? 칭찬이 좋다는 것을 이론적으로 모르는 사람은 없을 것이다. 그런데
도 여전히 우리는 칭찬에 인색하다. 고기도 먹어본 사람이 먹는다고 칭
찬을 받아본 기억이 많지 않은 까닭이 아닐까?

칭찬을 싫어하는 사람은 세상에 아무도 없을 것이다. 어린아이는 너무
도 당연한 거고, 치매에 걸리신 어르신들도 칭찬에는 정말 기분 좋아하
신다. 칭찬의 말을 하는 게 어색하더라도 자꾸만 하는 연습을 해야 한다.
당장 내 주위의 가족들이 그 칭찬 받기를 매일 고대하고 있다고 생각해
보라. 오늘 바로 칭찬을 시작하라.

세계적인 위인들의 자서전엔 하나같이 누군가로부터 받은 칭찬에 본
인들이 성장했음을 밝히고 있다. 가정이나 직장, 지역사회에서 칭찬으로
인해 자신들의 일에서 큰 성취를 이루는 사람들은 무수히 많다. 지금부
터라도 당신 주변의 사람들에게 칭찬을 해보라. 그들이 점차 긍정적으로
변화되는 모습을 보게 될 것이다.

칭찬하려면 우선 상대방을 관심 가지고 지켜봐야 한다. 그러다 보면 자기도 모르게 상대방의 장점이 눈에 띄기 시작한다. 당연히 막연한 칭찬이 아닌 구체적이고 근거가 있는 칭찬을 할 수 있게 된다. 뭉뚱그린 칭찬이 아니라 세심한 칭찬을 받는 상대방은 감동한다. 결과에 의한 게 아니라 노력하는 과정을 칭찬해준 사람에 대한 믿음이 생기는 것이다. 칭찬으로 인한 기쁨은 스스로 상승 효과를 일으켜 무엇이든 더 열심히 하게 만든다.

사람이라면 누구나 자기 존재를 인정받기를 바란다. 칭찬을 받으면 자긍심이 높아지고 의욕이 넘친다. 살면서 웬만한 걸림돌에는 끄덕하지 않을 힘이 생긴다. 이 강력한 칭찬의 힘은 당신의 말 한마디에서 비롯된다. 칭찬은 당신과 상대방 간의 신뢰를 만들어준다. 칭찬은 상대방을 향한 관심과 존중이 없이는 나올 수 없기 때문이다. 따라서 자연히 믿음과 배려가 깔리고 소통이 원활하게 이루어짐은 당연한 일이다.

요즘 세상에는 부모, 자식 간에도 대화가 단절된 상태로 살아가는 집들이 많다. 지금 당장 서로의 장점을 찾아 칭찬해보라. 칭찬은 메마른 가족들의 정서에 활력을 불러일으킬 것이다. 관심을 기울인 칭찬의 말로 가족의 울타리 안에는 긍정의 에너지가 넘쳐흐르게 된다. 내가 먼저 칭찬함으로써 상대방의 마음에 꽃을 피워라. 그리고 그도 다른 누군가에게 칭찬하는 사람이 되게 하라. 칭찬하기가 어렵다고 여기지 마라. 자기 자신이 어떤 칭찬을 받고 싶은지 한번 생각해보라. 자신이 듣고 싶어 하는 말을 해주라.

우리는 잘한 것에 대한 칭찬의 말보다는 부족함에 대해 나무라는 말을 더 많이 하고 산다. 상처 주는 말들을 너무나 쉽게 입 밖으로 내뱉으며 아무렇지 않게 지낸다. 당신이 건넨 따뜻한 말 한마디가 듣는 사람의 삶을 바꾸어줄 수 있다는 사실을 기억하라. 그들의 인생이 아름답게 열매 맺을 수 있게 도움을 준다면 가슴 벅차지 않겠는가? 내가 하는 칭찬의 말 한마디가 누군가의 인생에 더 열심히 살고 싶은 용기를 주는 일이다. 격려와 응원의 말을 다정하게 건네지 못할 이유가 없다.

칭찬은 다른 어떤 것보다도 훌륭한 선물이 된다. 당신의 칭찬과 격려가 필요한 세상이다. 무엇보다 내 가족과 친구들에게 먼저 따뜻한 말을 전하라. 무슨 일에도 든든한 네 편이 되어줄 거라는 믿음과 격려의 말을 건네주어라. 칭찬은 칭찬을 부른다. 내가 먼저 칭찬을 하면 반드시 그 칭찬은 내게로 돌아온다.

"정말 고마워요."
"네? 무슨?"

"여기서 편의점을 해주니 얼마나 고마운지 몰라요. 아파트 안에 24시간 편의점이 있으니 너무 편리하고 좋아요. 또 항상 친절하게 잘 대해주니까 기분도 좋고 정말 감사해요."

저녁 무렵, 가끔 들르시는 손님의 기습 칭찬에 순간 당황스러우면서도 입가에 미소가 번진다. 그렇게 말씀해주시니 제가 더 감사하다고 서로 인사를 주고받은 후 손님을 보냈다. 오늘 하루가 얼마나 힘들었는지 상관없이, 그분의 말 한마디에 그간의 피로가 싹 가시는 기분이다. 이것이 칭찬의 힘이리라.

매일 수십 명의 사람을 대하며 장사하는 게 어떤 마음의 준비가 필요한지도 모른 채 시작한 일이었다. 정말 각기 다른 다양한 군상의 사람들을 태어나 처음으로 경험하고 있는 시간이다. 인사를 건넬 때도 물건을 계산할 때도 요즘 사람들은 별 반응이 없다. 다 그런 건 아니지만, 인사를 해도 대꾸하기는커녕 쳐다보지도 않는 사람이 태반이다. 계산할 때도 카드고 돈이고 휙 집어던지는 사람들도 있다. 처음엔 너무 황당하고 이해할 수 없었지만, 이제 이 생활도 3년 차니 그러려니 한다.

예의 그분은 놀랄 만큼 특별한 경우다. 물론 그에 못지않게 서로 인사를 나누고 감사를 표하는 분들도 더러 있다. 하지만 사람들 대부분은 표정도 없고 말하기를 꺼리는 듯하다. 들어오기 전부터 시작된 전화통화는 나갈 때까지도 이어진다. 가끔은 투명인간이 된 것 같기도 하고, 계산해주는 기계로 착각하는 건 아닐까 하는 마음이 들기도 한다.

인간관계라는 건, 잠깐 스치는 사람과도 서로 따뜻한 말 한마디를 주고받는 게 아닐까? 물건만 사고팔면 되는 거 아니냐고 하면 할 말은 없지만, 한 사람의 태도에서 그의 인성이 보이는 것만은 분명하다. 어른들은 그렇다 쳐도, 특히나 내 마음을 불편하게 하는 건 자라나는 아이들의 말버릇과 태도이다.

부모로부터 충분한 칭찬을 받고 자란 아이들은 확연하게 눈에 띈다. 칭찬과 긍정적인 말을 듣고 자란 아이들은 언제나 옳은 방향으로 나아간다. 남을 대하는 자세가 겸손하고 올바르다. 그들은 인생을 살아가면서 자신 속에 가득 찬 용기와 자신감을 필요할 때마다 꺼내 쓸 수 있을 것이다. 아이들은 이 세상을 아름답게 만들어 갈 주인공들이다. 부디 우리 아이들에게만이라도 칭찬해주는 사회가 되기를 바란다.

5장

긍정은 회복탄력성을 높인다

실수를 두려워하지 마라

실패한 것이 아니다.
잘되지 않는 방법 1만 가지를 발견한 것이다.

− 토머스 에디슨 −

토머스 에디슨의 말에서 우리는 그가 얼마나 긍정적인 사고를 하는 사람이었는지를 느낄 수 있다. 우리가 그를 위대하게 여기는 것은 많은 획기적인 발명품 때문만은 아닐 것이다. 9999번의 실수에도 굴하지 않고 다시 한 번 더 도전하는 사람. 우리의 존경은, 그가 실수를 두려워하거나 그로 인해 좌절하지 않는 사람이기 때문이리라.

우리는 무의식적으로 실수를 실패로 규정한다. 그래서 새로운 시도를 두려워한다. 정말 어리석은 생각이 아닐 수 없다. 한 번의 실수도 없이 성공하는 것은 극히 드문 일이다. 또 모든 실수가 단순히 실수로 끝나고 마는 것도 아니다. AP통신이 선정한 '20세기 10대 히트 상품'에 포함된 포스트잇의 개발 이야기가 그 한 예이다.

1970년 미국의 한 회사 연구소에서 생긴 일이다. 스펜서 실버 박사는 기존보다 더욱 강력한 접착제를 만들기 위한 연구를 진행하고 있었다. 그런데 실수로 원료를 잘못 배합하는 바람에 접착력이 약해 쉽게 떨어지는 접착제가 만들어졌다. 실버 박사의 연구 결과 발표를 들은 사람들 대부분이 실패한 연구 성과라고 무시해버렸다.

그러나 그중 단 한 사람, 아서 프라이가 이 연구물에 흥미를 느꼈다. 그는 교회 성가대로 활동하고 있었다. 성가대에서 부를 찬송가를 빨리 찾기 위해 평상시 책에 종잇조각을 끼워두곤 했었다. 그러나 책을 펼칠 때마다 종이가 자꾸 떨어지는 불편함이 있었다. 그걸 보완하고자 이번엔 종이에 접착제를 바르고 책에 붙였더니 종잇조각을 뗄 때마다 책도 같이 뜯겨나갔다. 해결 방법을 고심하던 아서 프라이 앞에 스펜서 실버 박사의 실패한 접착제가 나타난 것이다. 쉽게 붙였다 뗄 수 있으니까 책에 붙이기엔 안성맞춤이었다.

그길로 회사에 아이디어를 냈으나 반응은 좋지 않았다. 상품화에 필요한 추가적인 실험과 연구에 대한 부담은 물론이고 당시에는 사람들이 찾는 제품이 전혀 아니었기 때문이었다. 이에 아서 프라이는 직접 제품을 만들기 위한 연구에 몰두했고, 결국 1981년 접착제와 메모지가 접목된 포스트잇으로 개발되었다. 이후 포스트잇은 날개 돋친 듯 팔려나갔고, 전 세계적으로 수출하기에 이르렀다. 포스트잇은 사무용품의 베스트셀러인 스카치테이프의 판매량을 훌쩍 뛰어넘으며 대단한 성공을 거두었다. 그리고 처음엔 단순한 상품명에 불과했던 포스트잇이라는 단어 자체가 이제는 보통명사화가 되었다.

실버 박사가 자신의 연구 결과를 실패로 규정하고 아예 덮어버렸다면 어떻게 됐을까? 혹은 아서 프라이가 그 실패한 연구물이 자신의 불편함을 해결해줄 수 있다는 생각을 안 했더라면 어땠을까? 그랬다면 포스트잇의 탄생은 없었을 것이다. 우리가 포스트잇을 생활 곳곳에 편리하게 사용하는 지금은 존재하지 않았을 것이다. 실수를 기회로 만드는 생각의 전환이 실패를 성공으로 이끌었다.

1902년에 창립된 3M은 '15% 룰'이 있다. 근무시간의 15%를 자신들의 업무와 관계없는 프로젝트에 할애할 수 있도록 만든 규칙이다. 그 시간을 활용해 직원들은 혁신적 아이디어를 구상하고 발표한다. 그리고 회사에서는 그들의 아이디어를 직접 프로젝트로 진행할 수 있게끔 도와준다. 과연 각종 아이디어 상품의 보고 3M답다.

당신은 본인이 저지른 실수와 실패로 인해 또 도전하기를 두려워하고 있지는 않은가? '실패는 성공의 어머니'라는 말을 우리는 수도 없이 들으며 자라왔다. 자기의 실수에서 배워야 할 점을 발견하고, 그것을 기반으로 과감히 새로운 도전에 나서야 한다는 의미다. 오히려 실수를 잘 극복함으로써 자신감이 생겨 결국엔 성공을 이룰 수 있게 되는 것이다.

우리는 주위에서 완벽을 추구하는 사람들을 종종 만난다. 물론 완벽주의 자체가 나쁜 것은 아니다. 완벽한 결과를 위해 그 사람들은 항상 최선의 노력을 다하기 때문이다. 하지만 이 세상의 어떤 일도 완벽할 수는 없다. 그리고 완벽한 사람도 당연히 존재하지 않는다. 다만 완벽하고자 애를 쓸 뿐이다.

완벽주의 성향의 사람들은 작은 흠이나 실수도 못 견딘다. 실수할까 봐 노심초사 365일 걱정을 안고 산다. 그리고 이미 벌어진 실수에 대해 좌절하고 이후의 도전을 두려워한다. 지나친 완벽주의가 낳은 부작용인 것이다. 그런 사람들은 자신의 삶을 사는 게 아니라 일을 처리하기 위해 존재하는 로봇 인간이 되어버린다.

사람들은 살다 보면 누구나 실수한다. 조심한다고 해서 벌어질 일이 그냥 지나가주지 않는다. 평소 긍정적인 사람은 실수라는 것은 언제든 일어날 수 있는 일로 편안하게 받아들인다. 당연히 이미 벌어진 일상의 사소한 실수에 대해서도 두려워하지 않는다. 실수를 대하는 기본 마음가짐이 다른 것이다.

실수를 못 견디는 사람은 자기 스스로 비판하고 비난하기를 멈추지 않는다. 그러다 급기야 자기 자신의 실수를 주변 사람이나 세상의 탓으로 돌린다. '이것만 아니었으면. 저 사람만 그러지 않았으면.' 핑계를 찾기에 여념이 없다. 실수 한 번에 인생이 끝나는 것이 아님에도 모든 것에 부정적인 시선을 갖게 되는 것이다.

실수에 관한 기본적인 생각부터 바꿔야 한다. 실수는 걱정하고 두려워해야 할 문제가 아님을 알아야 한다. 실수는 끝이 아니라 또 다른 시작이다. 실수가 일어난 그 자리에서 다시 일어서야 함을 깨달아라. 위 포스트잇의 사례처럼, 실수 때문에 다 망쳤다고 생각한 일도 오히려 비약적인 성공의 발판이 되지 않았는가?

우리의 생각과 마음을 바꾸면 행동이 바뀌게 된다. 실수에 관한 생각과 마음의 시선을 긍정적인 방향으로 바꾸어라. 그러면 실수에 더는 걱정하거나 두렵지 않게 된다. 실수는 그저 지나가는 것일 뿐 당신의 발목을 잡아 주저앉지 않는다. 오히려 실수에 두려움 없는, 도전을 마음껏

하다 보면 세상에 존재하는 무한한 가능성에 눈을 뜨게 될 것이다.

우리는 어떤 일도 완벽하게 통제할 수 없다. 무엇도 실수 없이 완벽하게 해내기는 힘들다. 실수하고 사는 게 인생이고 또, 실수해야 더 인간적인 사람으로 비친다. 다른 사람에게 돌이킬 수 없는 피해를 주는 일만 아니면 된다. 사회에서 용인할 수 없는 실수가 아닌 다음에야 뭐든 상관없다. 차라리 용감하게 도전하고 실수하기를 자처해보라.

실수해도 괜찮다고 항상 스스로 다독여라. 평소 매사에 긍정적인 생각과 마음가짐을 지녀라. 온통 몸과 마음이 긍정으로 꽉 채워진 사람은 웬만한 실수에도 꿈쩍하지 않는다.

그들은 긍정 회로가 뇌 속에 장착되어 회복 탄력성이 월등히 높기 때문이다. 회복 탄력성이 높은 사람들은 실수를 두려워하지 않는다.

"회복 탄력성은 반드시 성공해야겠다는 강력한 의지를 지닌 상태가 아니다. 오히려 실패에 대해 두려움을 느끼지 않는 상태다. 자기 자신에 대한 깊은 성찰을 통해, 그 목적 달성 여부에 얽매이거나 전전긍긍하지 않는 삶의 태도가 회복 탄력성을 가져온다."

― 김주환, 『회복탄력성』 중에서

실패에 대한 두려움이 없다. 성공 여부와는 상관없이 정확한 목표의식 만을 가지고 도전에 나선다. 따라서 설령 잘못된 결과가 나와도 크게 연연하지 않는다. 자연히 더 나은 방향을 향해 새로운 도전을 준비하고 멈추지 않는다. 긍정적인 삶의 태도가 회복 탄력성을 키운다. 당신의 삶을 긍정으로 가득 채워라. 실수가 많은 인생일지라도 건강한 마음 상태를 유지할 수 있게 될 것이다.

북유럽 복지 강국이자 선진 교육 제도로 잘 알려진 핀란드에서는 매년 10월 13일을 '실패의 날'로 지정하고 있다. 이날에는 자신의 실패 경험을 다른 사람들에게 이야기하고 서로의 실패를 축하해주는 행사도 주체한다. 무려 핀란드 국민의 1/4 이상이 지켜보는 국가적인 행사이다. 이 얼마나 멋진 일인가? 성공을 위해서는 실패의 경험이 꼭 필요하다는 걸 잘 아는 사람들의 자세는 아름답기까지 하다. 서로의 실패를 포용해주는 진짜 성공인의 자세일 것이다.

자신의 감정을 알아차리고 인정하라

45분이 넘어서고 있다. 언니는 계속해서 이런저런 본인 주변 사람들 얘기까지 하느라 시간 가는 줄 모르는 눈치다. 가까운 곳에 살면 만나서 얼굴 보며 수다를 떨 텐데 말이다. 그렇지가 못하니 하루가 멀다고 전화기를 붙들고 있다. 하긴 오히려 근거리에서 살 때는 그렇게 자주 만나거나 전화를 오래 하지는 않았다. 언니가 살던 동네를 떠나, 아주 멀리 지방으로 이사하고 얼마 안 지났을 때였다. 그러다 보니 아무래도 적적했지 싶다.

문제는 가스레인지 위에 있는 주전자의 상태였다. 이제 물이 끓다 못해 거의 다 줄어들고 있는 게 분명했다. 그 당시는 무선 전화기가 없을 때였다. 방에서 받고 있던 전화기의 선을 아무리 당겨도 부엌까지는 닿지 않았다. 아니, 그게 무슨 상황인지 이해가 안 될 줄 안다. 지금의 내가 생각해도 뭔 황당한 짓인가 싶을 지경이니 당연한 반응이다. 그때의 내가 그랬다. 한두 살 먹은 어린아이일 적도 아니고, 자그마치 결혼하고 애까지 있는 30대 때의 내 모습이었다.

불편한 남도 아니고 친언니였다. 그냥 사정 얘기를 하고 잠깐 뛰어가 불을 끄고 와서 받아도 되는 거였다. 아니면 아예 끊었다가 필요하면 다시 전화해도 되는 거 아닌가? 그러나 나는 그 간단한 말조차도, 상대방에게 피해를 준다는 생각에 결코 꺼내지 못했다. 그때의 기억을 떠올리다 보니, 지금도 가슴이 답답하다. 나의 생활은 늘 그런 식이었다. 언제나 나보다는 상대방의 입장을 먼저 생각하며 살아왔다. 이제는 그 정도까지는 아니지만, 여전히 누군가에게 먼저 전화를 걸지는 못한다. 상대방이 전화를 못 받을 상황일지도 모른다는 생각 때문이다.

그 시절의 나처럼, 무언가를 선택하거나 결정을 내릴 때 나보다는 남을 먼저 생각하는 경우가 많다. 스스로 기분이 어떤지는 뒷전이다. 어지간한 일에는 거절을 하지도 못한다. 그런 사람들에게 자기가 원하는 삶이라는 건 없다. 있어도 절대 내세우지 않는다. 결국, 자신의 인생은 없는 채로 삶을 살아가는 것이다.

자기 인생의 주도권을 되찾아야 한다. 스스로가 삶의 주인임을 절대 잊어버리지 마라. 자신이 진정으로 원하는 삶을 가장 우선순위에 두고 살아야 한다. 착한 여자, 착한 아내, 착한 엄마 콤플렉스에서 벗어나기를 두려워하지 마라. 자기의 인생을 직접 설계할 줄 알아야 진정으로 착한 누군가가 될 수 있다. 무엇보다 자신의 감정을 알아차리고 인정해주어라.

우리가 흔히 말하는 '언젠가'는 결코 올 수 없는 시간이다. 지금이 아니면 안 된다. 자기 자신이 뒷전인 사람들은 그 언젠가의 시간에 또다시 언젠가를 되풀이해서 말하고 있을 것이다. 오지 않을 그때를 기다리는 바보 같은 삶은 그만두어라. 지금 당장, 바로 여기에서 당신의 삶을 시작하라.

갈수록 치열해지는 경쟁 사회다. 요즘 같으면 하루 벌어 하루 먹고살기도 힘들어하는 사람들이 부지기수다. 그 속에서 사람들의 스트레스는 나날이 증가하고 있다. 자연히 우리의 일상은 걱정, 근심, 원망, 우울과 같은 부정적인 감정들로 넘쳐난다. 그 나쁜 에너지는 자기 자신은 물론 가까운 사람들에까지 상처를 주고 있다.

감정은 우리 인간이 살아가는 매 순간 올라오는 자연스러운 것이다.

미처 어떤 감정인지 돌아볼 여유도 없이 우리 삶에 여러모로 영향을 끼친다. 그런 감정의 여파는 생각보다 세다. 나쁜 감정에 휘둘리는 날은 온전히 하루를 살아내기도 힘들어진다. 우울증에 빠져 극단적인 생각까지 하는 경우도 생긴다. 하루빨리 내 감정을 조절하는 방법을 익혀야 한다.

감정은 긍정적인 것과 부정적인 것으로 나눠볼 수 있다. 긍정적인 기운을 가진 좋은 감정에서는 밝은 에너지가 생겨난다. 그로 인해서 항상 일이 잘 풀리는 상황이 만들어진다. 반면, 부정적인 기운과 어두운 에너지를 발산하는 나쁜 감정 상태에서는 무슨 일이든 틀어지기가 쉽다. 우리가 생활하면서 어떤 감정을 유지하고 살아야 할지, 인생을 성공으로 꾸며가기 위해서는 선택이 필요하다.

자기 자신의 감정을 잘 다스려 긍정적인 삶의 태도를 유지하는 사람은 원하는 성공에 도달할 수 있다. 감정에 휘둘리지 않고 스스로 감정을 적절하게 잘 다루면 행복도 따라온다. 에너지 넘치는 긍정적 감정일 때는 무슨 일이든 열심히 할 수 있다. 하지만 일을 시작하기도 전에 안 된다는 생각하고 있다면 그 또한 당연히 될 리가 없다.

할 수 있다는 긍정적인 암시를 계속해줌으로써 자신감을 충전해야 한다. 기분 좋은 일을 생각하면 기분이 더 좋아지고 안 좋은 일을 생각하면 기분이 더 나빠지는 것은 지극히 당연하다. 이처럼 성공의 비결은 어디 특별한 데 있는 게 아니다. 자신의 감정을 스스로 조절할 줄 알고 자기가 자장 원하는 일을 하는 것, 그것이면 충분하다. 긍정적인 감정을 유지하는 사람에게는 넘어지면 다시 일어서는 힘이 있다.

대학교 1학년 때였다. 집에 가는 기차 시간이 아직 남아서 찻집에 들어가는 과 친구들 대여섯과 합류하게 되었다. 밤샘 공부한답시고 친구 집에서 사발로 쓴 커피를 마셔본 기억은 한두 차례 있었다. 하지만 사실 커피 맛도 모를 때였다. 나는 우유를 한잔 시켜 홀짝이고 있었다. 우리는 선배가 없는 1회 신입생이었기 때문에 모든 게 다 서툴렀다.

지도 교수님을 우리끼리는 담임 선생님이라 부를 정도로 여전히 고등학생 티를 못 벗어나고 있었다. 아직 친구들과도 어색하고 서로를 잘 모를 때라 우유를 마시며 귀만 쫑긋 세우고 있었다. 어쩌다 그런 질문을 받게 됐는지, 그 질문이 뭐였는지는 생각나지 않는다. 다만 내가 대답했던 말만 기억에 남아 있다.

"난, 혼자 있을 때 진짜 내 나이 스무 살로 돌아가."

나는 혼자 있을 때가 편하다. 물론 사람들을 만나고 같이 웃고 떠들며 지내는 걸 싫어하지는 않는다. 나도 정말 그 시간을 즐거워한다. 또 함께 어울려 있는 그 자체에 행복을 느끼기도 한다. 그러나 그 당시 내 대답의 의미는, 진짜 자신을 만나는 시간은 혼자일 거라는 얘기를 한 게 아닌가 싶다.

누구는 사람들 속에 있을 때 에너지를 얻는다고 하는데, 난 정확히 그 반대다. 그런 상황 안에 있는 나는 에너지가 점점 고갈되어감을 인지한다. 그래서 이후 혼자 있는 시간이 필요하다. 혼자 있을 때는 자신의 감정을 바라보기가 수월해진다. 지금 내 마음이 어떤지 무엇을 원하고 있는지 찬찬히 들여다볼 수 있게 되는 것이다.

혼자라는 것은 삶의 고립을 뜻하지 않는다. 자신의 선택으로 혼자만의 시간을 보낼 기회를 만드는 것이다. 그리고 그런 시간은 항상 자신을 스스로 깨어 있게 만들어준다. 어찌 보면 우리의 내면은 서로 마주 볼 수 있는 고독을 원하는 건지도 모르겠다. 우리는 괴롭거나 마음이 복잡할 때 특히 혼자 있고 싶어진다. 주변 사람들의 위로가 귀에 들어오지 않는다. 오히려 아무 말도 안 해줬으면 좋겠다는 생각까지 든다. 그 어떤 위로의 말도 자기 자신의 문제를 해결해주지 못한다는 것을 알기 때문이리라.

그럴 때마다 격하게 혼자 있고 싶어지는 것은 당연하다. 혼자 있는 시간에는 조심스럽게 나의 억눌린 감정들이 모습을 드러낸다. 해결하지 못한 분노, 곪아 터진 상처의 고통, 한계 수위까지 차오른 서러움까지. 혼자 조용히 있을 때야 비로소 복잡한 마음이 가라앉고 괴로움이 조금씩 사그라진다. 우리 내면의 어지러운 감정들과 화해할 수 있는 유일한 시간이기 때문이다. 혼자인 시간을 잘 보내는 사람이 회복 탄력성이 높을 수밖에 없다.

다른 사람들의 칭찬과 인정에 매달리기 위해 자신의 감정을 무시하는 일을 하지 마라. 이미 생겨난 감정을 무시하고 모른 척한다고 해서 그 감정이 사라지는 건 아니다. 남들 마음에 들어야 자신이 괜찮은 존재가 되는 것이 아니다. 착각하지 마라. 무엇에도 흔들리지 않는 내면의 힘을 키워야 한다. 그 첫 번째 일이 자신의 감정을 알아차리고 인정해주는 것이다. 혼자 조용히 있을 수 있는 시간과 장소를 만들어서 자기의 내면과 마주하라. 내 안의 부정적인 감정들이 말하는 얘기를 들어주고 인정해주라. 그러면 나쁜 감정은 서서히 사라진다. 좀 더 긍정적인 삶을 살아갈 수 있는 준비가 이루어지는 것이다. 그게 시작이다. 자기 운명의 주인은 자기 자신이다. 자기 인생의 주인공으로 살아라. 삶은 좀 더 긍정적으로 바뀌고 실패에도 두려워하지 않게 될 것이다. 자신의 감정과 친구가 되어라.

03

시련에 좌절하지 마라

닦지 않고 광택 나는 보석이 없듯이
시련 없이 완전해지는 삶은 없다.

― 세네카 ―

　제2차 세계대전이 발발하기 직전인 1930년대 말의 이탈리아. '귀도 오
레피체'라는 젊은 유대계 이탈리아인이 있었다. 그가 하는 일은 모든 게
실수투성이에 어설프기 그지없었다. 그러나 낙천적인 성격의 그는 언제
나 천진난만한 어린아이 같았다.

　서점을 여는 꿈을 가지고 로마에 상경한 그는 자기와 신분이 다른 상
류사회 처녀 '도라'를 만나게 된다. 운명처럼 사랑에 빠진 그는 넘치는 재
치와 유머로 그녀를 사로잡아 결혼에 성공하고 단란한 가정을 꾸린다.
그리고 분신과도 같은 아들 '조슈아'를 얻는다.

세 식구가 행복한 나날을 보내던 어느 날 이들에게 시련이 닥친다. 아들의 다섯 살 생일날, 갑자기 군인들이 들이닥쳐 유대인인 귀도와 조슈아를 잡아다가 강제수용소행 기차에 싣는다. 도라는 유대인이 아님에도 불구하고 남편과 아들을 따라 스스로 기차에 오른다. 어린 아들이 수용소의 실상을 보고 충격을 받을 것을 염려한 그는 한 가지 꾀를 낸다. 그들은 게임을 하기 위해 특별히 선발된 사람이고 1,000점을 제일 먼저 따는 사람이 1등 상으로 진짜 탱크를 받게 된다고 말이다.

그는 수용소의 참혹한 현실 속에서도 오로지 아들을 지키기 위한 눈물겨운 사투를 벌인다. 독일군으로부터 갖은 고초를 당하면서도 행여 아들이 눈치 챌까 봐, 그는 모든 것이 너무 재밌어 죽겠다는 표정으로 연기한다. 끔찍한 시간이 지나가고, 이후 전쟁이 끝났단 말을 듣게 된 그는 아들을 창고에 숨겨둔 채 아내를 찾아 나선다. 그러다가 그는 허무하게도 도망치던 독일군에게 발각된다. 여전히 게임인 줄 알고 아빠의 말대로 숨어 있는 아들은, 군인에게 끌려가는 아빠가 웃으면서 보내는 윙크를 보며 미소 짓는다. 그리고 뒤이어 몇 발의 총성이 들려온다. 날이 밝아 연합군의 탱크가 들어오고 창고에서 나온 귀도의 아들은, 아빠가 말한 1등 상인 탱크에 오른다.

위 내용은 〈인생은 아름다워〉라는 제목의 이탈리아 영화이다. 1997년에 개봉해서 1998년 제51회 칸영화제 심사위원 대상을 받았다. 그리고 1999년 제71회 아카데미상 7개 부문 후보에 올라 남우주연상·음악상·외국어 영화상을 받은 작품이다. 보고 또 보아도 눈물 없이는 볼 수 없는 명작 중의 명작이다.

이 영화의 주인공 귀도 오레피체는 시련에 정면으로 맞서 살아간 사람이다. 아들과 아내를 향한 지극한 사랑의 마음이 그가 시련에 좌절하지 않도록 힘을 북돋운다. 시련의 한가운데에서 자기가 할 수 있는 일을 찾고, 끝까지 가족을 지키는 그 일에 헌신한다. 여기서 매우 낙천적인 성격을 지닌 그의 천성이 빛을 발한다. 그리고 끝내는 자기를 희생하여 가족을 구해냈다. 시련에 좌절하지 않고 자신의 역할을 충실히 하며 가족을 지켜낸 아름다운 아버지의 모습이었다.

시련에 부딪힌 사람들의 반응은 대개 두 가지로 나뉜다. 하나는 닥친 불행에 분노나 자포자기의 상태가 되어 좌절하는 사람이다. 또 다른 하나는 시련에 맞닥뜨리는 순간 잠깐의 좌절감을 맛보더라도 빠르게 회복하는 사람이다. 당신은 스스로 시련에 맞서 어떤 모습을 보이는지 한번 생각해보라.

시련에 좌절하는 사람들의 모습은 늘 자기 자신의 감정 상태에 끌려

다닌다. 무언가 해결할 방안을 찾기보다는 쉽게 포기한다. 자신은 불쌍한 피해자라며 부당한 일에 대한 동조를 구하고자 하소연을 늘어놓는다. 그런 사람들은 시련의 늪에서 빠져나와 상황이 호전되어도 쉽사리 회복하지 못한다.

그러나 지금보다 더 나빠지지 않았음에 감사하는 사람들이 있다. 그들은 인생에서 무차별 벌어지는 일들은 통제할 수 없다는 것을 받아들인다. 대신에 이미 시련에 빠져버린 그 상황에서 자기가 무엇을 할 수 있는지를 찾으려고 노력한다. 위 영화의 주인공 귀도는 자기의 아들을 지켜내기로 한 것과 같이 말이다.

왜 그런 차이가 생기는 걸까? 같은 상황에도 다른 대응 방식을 보이는 건 회복 탄력성이 핵심이다. 보통, 사람들은 시련과 마주하면 저항해볼 의지도 없이 좌절하여 망가지기가 쉽다. 그러나 회복 탄력성이 높은 사람들은 다르다. 그들은 자기 자신의 삶 속에서 일어나는 모든 일에 대해 항상 스스로 선택하고 통제하는 것이다.

자기가 처한 자리에서 할 수 있는 일을 찾고 거기에 집중하여야 한다. 뜻하지 않게 불어 닥친 시련이 자신에게 어떤 영향을 끼치게 할 것인지를 스스로 결정해야 한다. 순간 좌절의 구렁텅이에 빠져들 수는 있다. 그러나 호랑이 굴에 들어가도 정신만 바짝 차리면 된다고 하지 않나. 내 인생이 내 의지와 상관없이 바람에 나뒹구는 초라한 낙엽의 신세를 만들지는 말아야 할 것이다.

삶을 살아가는 동안 좋은 일만 계속된다면 얼마나 행복할까? 하지만 실상 우리가 살아가는 세상에는 예측하기 어려운 각종 위험이 곳곳에 도사리고 있다. 시련이 언제 우리에게 닥쳐올지 모른다. 평소 불행에 대비하는 단단한 마음 훈련이 필요한 이유이다. 내가 마음에 그리는 대로 이룰 수 있다는 신념을 키우고 긍정의 뇌를 만들어라. 그리하여 스스로 삶을 이끌어가는 회복 탄력성이 높은 사람으로 거듭나야 할 것이다.

우리 부모님처럼 전쟁을 겪은 세대분들은 누구나 고난의 시절을 거치며 살아왔다. 그 참혹한 세월을 견뎌온 어르신들의 이야기는 마치 거짓말처럼 들린다. 그런 삶이 상상조차 되지 않는다. 두렵고도 안타까운 마음에 저절로 눈물이 흐른다. 그러나 후세대의 우리는 그런 시간을 너무나 당연한 것으로 받아들이는 경향이 있다.

인정하기 싫지만 나 또한 그와 비슷했다. 내 살을 도려내는 아픔이 아닌 이상, 현실적인 공감을 갖기는 쉽지 않았다. 그저 꿈속의 일처럼 느껴졌다. 그러나 이 책을 쓰게 되면서 나는 절실히 깨닫고 있다. 우리 부모님께서 얼마나 힘든 시련과 마주하고, 그것을 어떤 정신력으로 헤치며 살아오셨는지를.

내 죽어 현충원에 가게 됐다고 어린애처럼 좋아하시던 아버지. 당신은 7년간의 군대 생활과 군 부상병임에도 유공자 대우를 못 받고 평생을 살아오셨다. 자식들 먹여 살려놨으니 내 할 도리는 어느 정도 한 것 같다며 웃으시던 어머니. 당신은 남편과 자식들 수발에 평생을 등 한번 제대로 못 펴보고 온몸의 뼈가 다 녹아내릴 정도로 일만 하며 살아오셨다.

생각해보면 그런 부모님의 정신력을 자식들도 어느 정도 닮지 않았을까 싶다. 언니, 오빠들이 그간 살아온 모습을 보면 더욱 그런 마음이 든다. 자신들에게 닥친 시련에 꿋꿋이 맞서 그 안에서 할 일을 찾고 열심히 살아가고 있으니 말이다. 앞서 말했던 시각장애인이 된 작은오빠는 더더욱 동생에게 경외감을 느끼게 하는 존재다.

그런 배움 덕에, 나 또한 어떤 상황이든 내 삶의 주인이 되고자 노력하며 살아가고 있다. 시련은 시련일 뿐, 내가 헤쳐 나가기로 하고 살면 되지 않겠는가? 나는 매일 내 삶을 긍정하고 감사하며 지낸다. 과거도 미래도 아닌 오늘, 지금, 이 순간을 담담히 살아간다. 그 안에서 행복을 찾고 또 그 행복에 감사하며 하루를 보낸다.

이런 생활 태도가 우리 아이들에게도 그대로 전달되기를 나는 희망한다. 조금 부족하고 때론 아쉬움이 있는 생활일지라도 만족할 줄 아는 사람이 되길 바란다. 할아버지, 할머니의 정신력을 닮아 웬만한 일에는 흔들려도 좌절하지 않기를 소망한다. 인생은 스스로 얼마든지 만들어나갈 수 있다는 자신감과 용기를 갖게 되기를 기도한다.

인생은 마음먹기에 달려 있다. 살다 보면 원치 않아도 시련과 마주하게 될 테고 그밖에 어떤 일이 일어날지는 알 수 없다. 성공도 실패도 하게 되리라. 하지만 그 속에서 행불행을 결정하는 것은 자기 자신의 선택이라는 것을 잊지 마라. 시련에 좌절하고 말 건지, 힘들어도 다시 일어서 나아갈 건지는 각자의 결정에 달렸다. 항상 긍정적인 마음으로 지금 할 수 있는 일을 찾아서 해야 한다. 마음만 먹으면 무엇이든 해내는 게 인간이다. 물론 당신도 할 수 있다.

성공한 미래를 상상하라

당신이 할 수 있다고 생각하면 할 수 있고,
할 수 없다고 생각하면 할 수 없다.

- 헨리 포드 -

가끔 나도 책을 쓸 수 있을까 생각해본 적이 있다. 그러다가 이내 피식 고개를 가로젓고 만다. 극도의 저항감이 올라오는 까닭이다. 일부러라도 늘 건강하고 밝은 모습만을 보이며 살아온 내가 속내를 들키는 일을 할 수는 없는 노릇이었다. 가장 소중히 여기던 꿈마저 가슴속에 묻은 채 나는 그저 먹고사는 일상에 매몰되어 있었다.

그러나 신께서는 나를 그냥 내버려두지 않으셨다. 운명의 손짓에 이끌려 〈한책협〉의 김도사를 만나게 되었고, 지금 나는 글을 쓰고 있다. 파란만장한 삶을 살아온 사람들에 견주어 하릴없이 평범했던 나다. 그런데

무에 그리 한이 많을까? 글자 한 자마다 문장 한 줄마다 눈물이 폭포가 되어 흐른다.

수십, 수백 권의 책을 읽고 감동하여도 그때뿐이었다. 뒤따라야 할 행동이 없으면 그 엄청난 지혜들도 결코 내 삶을 바꿔주지 못하는 것이다. 그러나 나는 인생 후반전을 시작하면서 은인을 만났다. 내가 책에서 본 삶의 지혜들을 몸소 실천하고 행동함으로써 성취해낸, 바로 김도사이다. 비로소 나는 참된 스승을 만나 행동하는 방법을 하나씩 하나씩 배워나가고 있다.

『믿는 대로 되는 긍정의 힘』. 내 첫 책의 가제다. 그리고 이것이 행동하는 나의 첫걸음이다. 내 삶을 가감 없이 보여줌으로써 독자들에게 신뢰를 주고 싶다. 특출 난 것 하나 없는 이웃집 아줌마가 살아온 삶과 인생 이야기 속에서 각자의 마음을 돌아볼 수 있기를 바란다.

점점 각박해져 가는 세상 속, 자신의 얘기를 들어 줄 사람이 없어 슬퍼하는 사람에겐 진지한 귀가 되어주고, 위로와 격려의 말이 필요한 사람에겐 친절한 입이 되겠다. 행복은 스스로 찾고 배워야 함을 진심으로 전달해주는 메신저가 될 것이다. 사람은 하고 싶은 일을 하면서 함께 물질적인 풍요를 누릴 수 있어야 한다고 믿는다. 그것은 이 지구별에 태어난 모든 사람의 권리이자 의무다. 자신의 사명을 찾고 도전하여 성취를 일 궈내는 것! 그로써 원래 내 것인 부를 이루고, 나 아닌 다른 이들의 성장 을 도와주는 것! 바로 우주의 섭리대로 사는 삶일 것이다.

나는 일곱 달 반 만에 세상 밖으로 나와 숨도 제대로 못 쉬는, 마치 죽 은 것 같은 갓난아기였다. 하지만 나는 3일 만에 가냘픈 첫 숨을 토해 내 며 살아났다. 기적이란 생각은 해본 적이 없었다. 당연하다는 느낌이 더 강하게 든 까닭은 무엇이었을까? 분명히 이 지구별에서 나고 자란 내가 경험을 쌓아 끝내는 해내야 할 사명이 있었기 때문이리라.

나는 책을 씀으로서 그 첫 시작의 신호탄을 올렸다. 나이로 인해 늦었 다는 생각은 하지 않을 것이다. 그 또한 이유가 있을 테니까 말이다. 시 작이 반이라 했다. 불과 20여 일 전의 나는 꿈속에서조차 상상해본 적 없 는 기적의 걸음들을 내디디고 있다. 내 삶의 목적을 찾았으면 그 길을 가 야 하는 건 당연하다. 마음으로 가는 여정의 완벽한 시작을 자축한다.

중이 제 머리 못 깎는다는 말이 있다. 나 또한 그렇다. 매일 시시각각 으로 변하는 딸아이의 마음 상태에 따라 천국과 지옥을 왔다 갔다 한다. 그저 딸아이를 위해서 기도하고 명상하는 게 어미로서 해줄 수 있는 일 의 전부라는 것이 늘 안타까웠다. 그런데 내가 하고 싶은 일을 하며 부자가 된다? 떠오르는 것은 온통 딸을 위해 무엇을 해줄까 하는 생각뿐이다. 하지만 마음의 힘으로 부자가 되어가는 엄마의 모습을 보면서 딸아이 또한 천천히 깨닫게 되리라. 아마도 딸아이 스스로가 알을 깨고 나오는 진짜 기적이 일어나지 않을까.

그 후의 내 남은 삶은 모두 다른 이들의 것이 될 것이다. 마음의 힘이 어떻게 당신들의 삶에 기적을 가져다줄 수 있는지 말해주겠다. 산증인이 된 내 모습을 보여줄 것이다. 수많은 책을 끊임없이 읽어나갈 때 내 가슴속에 떠오르던, 태양처럼 피어나던 소명이었다. 종이에 50개의 버킷리스트를 빽빽하게 다 채워 넣었다. 이제는 부지런히 정진할 차례다. 곧 이뤄질 버킷리스트들을 하나씩 지우고 또 새롭게 채워나가는 내 모습에 미리 감사한다.

내가 처음, 성공한 나의 미래를 상상하며 썼던 글이다. 다시 읽어봐도 가슴이 벅차오른다. 온통 된다. 된다. 잘된다는 말의 향연으로 이루어져 있다. 이미 다 이뤄진 것 같은 뿌듯함이 나를 감싼다. 그 꿈을 계속 키워나가기 위해 무엇이든 할 수 있다는 자신감이 샘솟는다. 성공한 사람들의 자서전을 보면, 그들의 성공을 향한 첫걸음은 항상 미래를 꿈꾸는 것이었다. 물론 그 과정에 피나는 노력과 더불어 지치지 않는 열정이 서려 있었음은 당연하다. 그리고 그들은 어떤 상황에서도 자기 자신에 대한 믿음을 버리지 않았다.

자기 자신을 믿는 것부터 시작하라. 성공할 자격이 있는 특별한 사람이라고 선언하라. 그리고 확실한 목표를 정하고 성공한 자신의 모습을 끊임없이 상상하는 것이다. 확신에 찬 긍정의 말을 항상 반복해서 말하는 것은 꼭 필요하다. '나는 누구인가?' 이 질문부터 시작하자. '나'라는 개인은 이 지구상에 하나밖에 없는 존재이다. 나에 대해 알기 위해서는 내면의 목소리를 들어야 한다. 내가 좋아하는 것, 원하는 것이 무엇인지 정확하게 파악할 수 있는 지름길이다.

자기 자신을 앎으로 해서 도출된 명확한 꿈을 정하는 것이 그다음 할 일이다. 꿈을 정한 사람들은 자신의 꿈을 선명하게 바라봐야 한다. 현실과 꿈이 분간이 안 갈 정도로 다 이룬 꿈속에 푹 빠져 지내는 것 또한 중요한 일이다. 이제 당신은 꿈이 확실하게 이뤄지는 우주의 법칙을 행할 차례다. 그것은 내 꿈이 이루어졌다는 믿음과 말, 그리고 행동이다. 진정으로 원하는 꿈을 찾고, 이미 다 이뤘다는 믿음의 말을 계속하며 행동하다 보면 곧 눈앞에 현실로 나타날 것이다.

당신이 하는 말과 생각이 지닌 에너지가 어떠냐에 따라 그에 합당한 에너지가 끌려온다. 유유상종이라고 하지 않는가? 당신이 긍정적인 말과 생각을 하면, 당신의 인생은 긍정적인 에너지로 가득 흘러넘친다. 당신을 감싼 긍정 에너지는 그에 어울릴 좋은 사람들과 좋은 일들을 주위에 끌어오게 된다. 부정적인 말과 생각이 어떤 결과를 보일지는 정확히 그 반대를 생각하면 맞다. 어떤 말을 하고 사느냐에 따라 당신 인생 전체가 바뀌는 것이다.

긍정적인 생각은 확신에 찬 말이 된다. 믿음으로 가득한 생각과 말은 잠재의식에 각인되어 우리의 뇌를 긍정적으로 바꾼다. 긍정의 말을 매일 반복해서 스스로 들려주어라. 자기 확신의 말을 계속하면 우리 뇌의 신경회로가 긍정적으로 바뀐다. 성공한 사람들은 그것을 알고 자신의 잠재의식을 긍정적으로 바꾼 사람들이다. 그들은 평소 생활 속에서 언제나 작지만 소중한 행복을 찾고 감사하기를 꾸준히 실천하며 살아간다.

사람들은 자신들이 얼마나 부정적인 무의식 상태에서 살고 있는지 잘 모른다. 우리가 꿈을 이루지 못하는 이유는 뇌에 부정적 신경회로로 가득 차 있기 때문이다. 스위치를 부정에서 긍정으로 바꾸어 켜야 한다. 끊임없이 긍정적인 생각과 말을 당신의 뇌에 쏟아 부어주어야 한다. 그리하면 긍정의 뇌가 부지런히 꿈을 이룰 방법을 찾게 될 것이다. 그것은 합당한 행동으로 이어지고 결국 꿈은 이루어진다. 드디어 꿈이 현실이 되는 것이다.

미래는 가능성의 영역이다. 당신의 상상으로 얼마든지 성공적인 미래를 만들어갈 수 있다. 당신의 인생은 당신이 생각한 대로 이루어진다. 성공한다고 생각하면 그대로 될 것이고, 성공할 수 없다고 생각하면 그 또한 그대로 될 것이다. 자, 이제 당신은 무엇을 생각하겠는가? 지금 현실이 고달프다 해서 계속 그렇게 살 수밖에 없다 믿고 지낼 것인지 묻고 싶다. 좋은 시절 다 가고 이미 나이 들어 할 수 있는 게 아무것도 없다 생각하며 살 건지 궁금하다. 성공한 미래가 현실이 되어 있는 것을 구체적으로 상상하고 느껴라. 긍정적인 말만 끊임없이 되뇌어라. 꿈을 현실로 만드는 방법은 믿음으로 가득 찬 긍정적인 상상과 긍정 확언이다. 당신이 말하는 대로 아름다운 인생이 펼쳐질 것이다.

마음 근육 단련하는 훈련을 해라

대부분의 사람은
마음먹은 만큼 행복하다.

- 링컨 -

당신의 마음은 지금 어떠한가? 별일 없이 잘살고 있는 것 같은데 왠지 공허하고 쓸쓸한 마음이 들진 않는가? 그런 자기 자신의 알 수 없는 마음에 답답함을 느끼고 있을지도 모르겠다. 요즘을 살아가고 있는 사람들 대부분은 그런 감정 상태를 겪으며 지낸다. 스스로 마음이 어떤지 이해하지 못하고 사는 우리는 삶의 각종 문제와 맞닥뜨리면서 더욱 혼란을 겪는다. 다른 사람들과의 관계에서도 서로 상처를 주고받으며 고통의 시간을 보내기도 한다. 그러면서도 정작 원인을 찾지 못한다.

우리는 자신의 마음보다는 타인의 마음에 더 신경 쓰는 경향이 있다.

상대의 무리한 부탁에도 불편한 자기 마음과는 달리 거절하지 못한다. 남에게 잘 보이기 위해 정작 자기 자신의 마음은 모른 척, 무시해버리는 것이다. 그렇게 우리는 가장 중요한 자기 마음속은 들여다보지 않은 채 그저 되는 대로 살아간다. 문제가 있을 때도 우리는 주위 사람들에게 고민 얘기를 한다. 물론 가슴속 얘기를 털어놓으면서 느끼게 되는 후련함과 조언을 듣는 순간은 나쁘지 않다. 하지만 그런다고 과연 그 문제가 제대로 해결되겠는가?

삶을 균형 있게 살아가기 위해서는 밖으로 향해 있는 시선을 자신의 내면으로 돌려야 한다. 진정한 해결책은 자기 자신만이 알고 있다. 외면하고 있던 마음속을 들여다보아야 한다. 피하고만 싶었던 자신의 감정을 느껴야 비로소 문제의 본질이 드러난다. 괴롭고 힘든 과정일 것이다. 그래도 반드시 마주해야 답을 찾을 수 있다. 꼭꼭 숨겨놓았던 마음의 빗장을 열고 들어가라. 그 속에 숨어 흐느끼고 있을 당신의 내면과 마주하라. 그동안 켜켜로 쌓인 아픔과 슬픔의 얘기들을 다 들어주고 토닥여주어라. 점점 튼튼해지는 마음 근육이 당신을 미소 짓게 할 것이다.

우리 신체 내에서 움직임이 가능한 모든 부분에 붙어 있는 것이 근육이다. 우리 몸을 움직일 수 있게 해주고 내부의 모든 기관을 보호한다. 혈액 순환과 소화 등을 돕는 일도 맡아서 한다. 우리 몸에 근육이 없으면 일체 생활이 불가능한 것이다. 그런 이유로 우리는 근육을 단련하기 위한 운동을 열심히 해야 하며, 하는 것이다.

건강한 삶을 위해 가장 기초가 되는 신체 근육과 마찬가지로 우리 마음에도 못지않게 중요한 근육이 있다. 삶의 고통을 이겨낼 수 있는 생각과 그에 부합하는 행동을 할 수 있게끔 도와주는 마음의 힘이 그것이다. 그 근육이 단련되어 있어야만 시련에도 좌절하지 않고 난관을 극복해내는 용기가 나온다. 마음의 근육이 약하면 우리는 쉽게 포기한다. 의욕적으로 시작한 일에 어떤 문제가 생기면 두려움이 생기고 주저하게 된다. 그리고 급기야 자신의 능력을 의심하는 지경에 다다른다. 결국, 더는 앞으로 나아가지 못하고 멈춰 서게 되는 것이다. 그렇다면 당신은 신체 근육을 위한 운동을 하듯, 마음의 근육을 단련하기 위해서는 얼마나 노력을 하는가?

우리가 흔히 말하는 전문직을 갖지 못한 나는 여러 가지 일에 도전하며 살아왔다. 뭐든 배우기 위해 쫓아다녔다. 물론 배우면 할 수 있겠다 싶은 것들이었다. 남과 얽히는 문제가 아닌, 혼자 도전하는 일에서만큼은 알 수 없는 자신감이 늘 넘치는 상태였다. 공인중개사 일을 그만두면서부터 그 배움은 시작되었다. 요양보호사와 사회복지사 그리고 숲 해설가 자격증을 취득했다. 역사 · 자연 체험학습 강사와 실버 건강관리사 그리고 웃음 치료 지도자와 같은 민간 자격증까지 따며 나의 배움은 쭉 계속되었다. 거기에 직업상담사와 바리스타 시험에도 도전하여 1차 합격은 했다. 그 여러 가지 일 중에 내가 잠깐 몸 담았던 일은 웃음 치료와 사회복지사뿐이었다. 매번 나는 마지막 순간에 발을 뺐다. 배울 때는 누구보다 잘한다는 소리를 듣고 기대를 받으며 교육을 마치곤 했었다. 그러나 그걸로 그만이었다.

무엇이 문제였을까? 나는 너무도 허약한 마음 근육 상태로 살아왔다. 공인중개사 일을 할 때도 마찬가지였다. 터무니없는 사람들의 요구에 쉽게 상처받고 공정하지 못한 그 업계의 행태에 좌절했다. 열심히 배우고 나서도 사소한 남들의 말과 시선에 못 견디고 포기하는 일이 반복되었다. 점차 자신감은 추락하고 그 상태는 다른 일을 할 때도 이어질 수밖에 없었다. 내게 안 맞는 일이 아니라 그런 식으로는 맞는 일을 찾을 수 없는 게 당연했다. 나는 과거 1년 여간 배웠던 호흡 명상이 마음 훈련에는 효과적이라는 걸 신뢰하고 있었다. 그런데도 살아가는 일에만 정신이 팔려 아예 외면하고 지냈다. 알고도 실천하지 못하고 있는 사이에 마음 근육은 형편없이 무너지고 말았다.

몸에 상처가 나면 우리는 바로 알 수 있다. 보고, 만지고, 느껴지는 오감을 통해 쉽게 확인할 수 있다. 그리고 의료상의 처치를 통해 치료할 수 있다. 하지만 마음에는 상처가 났는지, 또 어디가 어떻게 아픈지 우리는 잘 알지 못한다. 모르고 지나치기 일쑤다. 그러니 치유의 방법을 모르는 것도 어쩌면 당연하다.

하지만, 마음에 입은 상처 또한 반드시 치료가 필요하다. 아니, 오히려 몸에 난 상처를 치료하는 것보다 훨씬 더 중요하다. 몸의 상처는 저절로 아물기도 하지만 마음의 상처는 그렇지 않다. 마음은 그냥 내버려두면 시간이 지날수록 더 큰 상처가 되어 손 쓸 수 없는 지경이 되어버린다. 마음의 근육이 무너지고 없는 상태에서는 그 무엇도 제대로 해낼 수 없다. 자신의 상처를 그대로 버려둔 채로는 또 다른 미래를 꿈꾸기는 어렵다. 숨겨졌던 마음의 소리를 듣고 자신의 상처를 치유하는 시간을 가져야 한다. 그렇다면 우리 마음에 입은 상처를 치유하는 방법은 무엇일까? 그 치유의 시작은 자신을 진정으로 이해하는 것에서 시작된다. 엉망으로 망가져 있을 마음 근육의 상태를 있는 그대로 바라보라. 무엇이 문제인지, 어딜 어떻게 상처 입었는지 살펴보라. 그리고 더디 걸리더라도 가장 효과적인 방법을 찾아 마음 근육의 단련에 힘을 쏟아라. 상처를 치유하기 위해선 그 방법만이 유일하다.

마음 근육을 단련할 때 제일 주의해야 할 것은 부정적인 생각과 감정이다. 부정은 너무도 쉽게 우리 안으로 들어와 자리를 잡는다. 그리고 형편없이 마음속을 헤집어놓는다. 이제부터는 세심하게 자기 자신의 마음을 살피도록 하자. 마음속에 떠다니는 여러 감정을 차분하게 바라보고 그대로 인정해주자. 그리하면 어느 틈에 부정은 사라지고 긍정적인 생각과 감정으로 마음이 가득 차게 될 것이다.

자기 자신의 호흡에 집중하라. 호흡은 생명의 시작과 끝이다. 호흡을 잘하면 피로에 찌든 몸이 풀리고 마음이 편안해지는 효과가 있다. 조용한 곳으로 가서 자리를 잡고 앉아라. 불편하다면 누워도 좋다. 코로 들어오고 나가는 호흡을 마음의 눈으로 가만히 바라보라. 되도록 복식 호흡을 하라. 숨을 들이쉴 때 배가 불룩 나오고 숨을 내쉴 때 배가 쏙 들어가게 하면 된다. 숨만 잘 쉬어도 당신의 삶이 달라지는 것을 느낄 것이다.

요가를 배워 수련하는 것도 좋은 방법이다. 요가는 몸의 움직임과 동작에 스스로가 집중할 수밖에 없게끔 만든다. 그로써 잡념이 사라지고 오롯이 현재에 머물게 해준다. 또한, 내면의 감정을 고요하게 유지하도록 돕는다. 일상에 지친 몸을 회복시켜주고, 평온하고 행복한 마음 상태를 만들어주는 데 효과적이다.

그 밖에 마음 훈련에 도움이 되는 것은 찾아보면 아주 많다. 스스로 약속하고 지킬 수 있는 목표를 정해서 실천해보라. 하루 30분씩이라도 마음을 비우고 차분히 걷기 명상을 해도 좋을 것이다. 평소 읽고 싶었던 책을 골라 정해진 시간만큼 책 속에 푹 빠져드는 방법 또한 훌륭하다. 그리고 질 좋은 충분한 수면도 빼놓을 수 없는 것 중 하나이다. 자기 자신의 몸과 마음의 건강을 위해 꼭 필요한 것을 찾고 실천하라.

자기 인생의 주인공은 바로 자신이다. 로또 당첨을 바라듯 자기 인생이 우연찮은 기회로 한방에 바뀌기를 기대해선 안 된다. 당연히 다른 누군가가 자신의 인생을 변화시켜주지도 않는다. 오로지 자기 자신의 노력으로 만들어가야 함을 잊지 마라. 당신 인생의 성공을 진정으로 바라는 사람은 다른 누가 아닌 바로 당신 자신일 것이다. 현재 우리의 모습은 과거에 우리가 했던 생각의 결과라 했다. 여태 우리가 이뤄온 것들은 당연히 내 마음의 힘으로 만들어졌다는 얘기다.

어떤 상황이 닥쳐도 당신 마음이 무너지지 않게 마음 근육 단련하는 훈련을 꾸준히 하라. 마음이 무너지면 당신의 삶도 위태로워진다. 당신은 무엇이든 할 수 있는 존재다. 때로 난관에 부딪히더라도 당신 마음의 소리에 귀 기울여보라. 당신이 진정 원하고 이루고자 꿈꾸는 것이 무엇인지 다시 한 번 되새겨라. 튼튼한 당신의 마음 근육에서 용기를 보내줄 것이다. 자기 자신을 단단히 유지할 수 있는 평정심은 당신의 인생을 탄탄대로로 인도할 것이다. 몸도 건강하게 마음도 건강하게 영원히 행복하라.

감사 습관으로 뇌의 긍정성을 높여라

감사를 많이 한다고 해서 힘든 시기가 오지 않는 것은 아니다.
감사는 큰 상처 없이 잘 넘기게 해주며 삶을 오히려 풍성하게 만들어준다.

– 뇔르 넬슨 –

요즘의 우리는 하루에도 몇 번씩 스트레스 상황에 노출된다. 연이어 날아오는 안전 문자만 들여다봐도 한숨이 절로 나온다. 정말 하루를 제대로 살아내기가 만만치 않은 세상이다. 게다가 코로나에 걸렸거나 실직하는 지경에 이르면 고통은 극에 달한다. 이 상황을 어찌 이겨낼지 막막하기만 하다.

내 삶인데 왜 내 뜻대로 돌아가지 않는 건지 한심스럽고 차라리 죽고 싶단 생각까지 든다. 그러나 삶을 자기 마음대로 통제할 수 있는 사람은 이 세상에 단 한 명도 없다. 그런 고통 속에서도 무너지지 않고 일어서느냐, 더 주저앉느냐의 차이가 있을 뿐이다. 그 힘을 우리는 회복 탄력성이라고 부른다. 고무줄을 길게 당겼다 놓았을 때 원래 상태로 얼마나 잘 돌아가는가 하는 힘을 말한다. 불행과 역경을 이겨내는 힘이 우리 안에 얼마나 내재되어 있는지가 삶에서는 너무나 중요한 것이다. 그렇다면 인생을 살아가는 데 꼭 필요한 힘, 회복 탄력성은 어떻게 해야 기를 수 있을까? 세계적인 심리학자이자 감정 지능 제창자인 대니얼 골먼 교수는, 회복 탄력성은 뇌의 재훈련을 통해 기를 수 있다고 말한다. 뇌의 긍정성을 높이는 훈련을 함으로써 회복 탄력성이 높아질 수 있다는 얘기다.

여기서 의문이 들 수 있다. 인간의 뇌는 유아기와 어린 시절에 완성되어 이미 고착화되었다고 믿고 있었으니 말이다. 어떻게 뇌 훈련이 가능하다는 것일까? 그동안 많은 뇌 과학자들은 외부 충격이 있지 않은 한 뇌는 변하지 않는다고 주장했다. 그러나 점차 정밀한 뇌 스캔이 가능해지면서 새로운 사실들이 하나둘 밝혀졌다.

뇌는 끊임없이 변화할 수 있다는 것이다. 이를 '뇌 가소성'이라 부른다. 경험이나 새로운 자극이 가해지면 우리의 뇌는 언제든 변한다. 얼마나 다행한 일인가? 나이가 들어 더 이상 바뀔 수 없다고 실망하거나 혹은 할 수 없다고 핑계 댈 이유가 없어진 것이다. 행복감이 높아질수록 우리 뇌의 좌측 전두엽이 더 활발해지는 현상도 마찬가지 이치다.

긍정적인 뇌 훈련을 위해서는 우선 뇌에 대해 알 필요가 있다. 우리의 뇌도 자연의 이치에 따른 양면성을 가지고 있다. 부정적인 뇌와 긍정적인 뇌가 그것이다. 긍정적인 뇌는 긍정적인 정보 처리에 뛰어난 뇌고, 부정적인 뇌는 부정적인 정보 처리에 강한 뇌다. 어떤 일이나 사람을 대할 때 긍정적인 뇌는 긍정적으로 받아들인다. 반면, 부정적인 뇌는 똑같은 경우에도 부정적으로 받아들인다.

뇌의 정보 처리는 순식간에 일어나기 때문에 의식적인 통제는 불가능하다. 어떻게 하면 긍정적인 뇌가 먼저 활성화되게 할까 하는 문제가 생기는 것이다. 우리가 긍정적으로 생각해야겠다고 결심한다 해서 금방 긍정적인 사람이 될 수는 없다.

그래서 뇌의 긍정성을 높이는 훈련이 필요한 것이다. 그렇다면 뇌의 부정적인 루트를 약화하고 긍정적인 뇌를 강화하는 방법은 무엇일까?

"일상을 조금만 긍정적으로 바꾸면 뇌 또한 긍정적인 변화를 일으켜 뇌의 전기적 활동과 화학적 구성을 바꾸고, 심지어 새 뉴런도 만들 수 있다. 게다가 긍정적으로 바뀐 뇌는 생활을 긍정적으로 변화시키는 일도 더욱 수월하게 만들어준다."

— 알렉스 코브, 『우울할 땐 뇌 과학』 중에서

결국, 긍정적인 일상의 변화가 우리의 뇌도 긍정적으로 변화시킨다는 말이 된다. 우리의 일상을 긍정적으로 변화시키는 행동을 적극적으로 찾아서 해야 할 필요성이 생긴 것이다. 호흡 명상이나 심상화, 마음 챙김과 같은 수련법도 우리의 일상에 긍정적인 변화를 가져온다. 그러나 그중 가장 쉽고 최고의 효과를 주는 긍정 행동은 감사하기이다.

감사는 모든 것을 무조건 좋게 바라보라는 것이 아니다. 어떤 상황이나 양면성이 있게 마련이다. 오히려 감사는 부정적인 측면과 긍정적인 측면을 모두 바라봐야 시작된다. 그 가운데에서 긍정적인 쪽을 선택하고 거기에 감사하는 마음을 갖는 것이다. 또한, 감사는 습관으로 만들어야 비로소 효과가 있다. 한 번 하고 마는 의례적인 감사는 아무 소용이 없다. 감사를 습관으로 만들기에 가장 좋은 방법은 감사 일기를 쓰는 것이다.

감사할 일을 찾다 보면 긍정적인 마음이 되고 그것이 뇌에도 영향을 미치게 된다. 매일 밤, 잠자리에 들기 전에 감사 일기를 쓰자. 그날 있었던 일 중에서 감사할 만한 일을 찾아보라. 막연한 감사를 하지 말고 구체적으로 적어라. 생각만으로 그쳐서는 안 된다. 반드시 손으로 써서 기록하라. 감사하는 데 굳이 시간과 장소를 따질 필요는 없다. 그러나 우리 뇌에 기억이 저장되는 것은 대부분 잠자는 동안에 일어나는 일이다. 따라서 잠자기 전에 감사 일기를 쓰는 게 가장 좋다. 그렇게 함으로써 뇌의 긍정성이 높아진다.

부모님이 살아계실 때 우리 집엔 항상 사람이 북적거렸다. 나는 2남 2녀 중 막내라 오빠 둘에 언니 한 명이다. 그러나 그 외에 언니, 오빠가 여러 명이 더 있었다. 아니, 어쩌면 10여 명을 훌쩍 넘어갈 수도 있다. 어쩌다 부모님 댁에 가는 날이면 나는 전혀 기억도 안 나는 사람들에게 인사를 해야 했다. 당황스러운 것은 그런 오빠, 언니들은 나를 알고 있다는 사실이었다. 우리 부모님 집인데 내가 도리어 엉거주춤하게 되는 상황이 벌어지곤 했다. 그러나 나는 굳이 부모님께 묻지 않는다. 보나 마나 옛날에 어찌어찌 인연이 있는 분들의 자식들일 게 분명했기 때문이다.

어렵게 살던 시절의 실낱같은 인연의 끈도 애지중지하시는 분들이 우리 부모님이셨다. 자식들은 어리고 하루 한 끼니도 못 먹던 시절, 시장에서 시래기를 주워다 주셨다는 아주머니가 계셨다. 지금은 제법 돈을 주고 사야 하는 거지만 그땐 버리기도 하던 것이었으니 가능한 일이었다. 물론 우리 남매들은 언제부터였는지 모르지만 '시영 엄마'라고 부르고 있었다.

그분 덕에 10원짜리 국수를 사서 그 시래기랑 같이 넣고 푹 익혀서 끼니를 때울 수 있었다. 오빠들은 시래기만 건져 먹고 어린 나와 언니한테는 국수 가닥을 건져 먹었다. 수십 번은 더 들은 듯한데 말씀하실 때마다 우리 부모님은 그분께 감사 인사를 하셨다. "엄마랑 아버지가 시영 엄마한테 그동안 해드린 건 시래기 몇 백 배는 더 됐겠다." 철없는 마음에 불쑥 내뱉고는 핀잔을 들은 기억도 새삼 떠오른다. 아주 오래전 도움 준분들부터 살면서 알게 된 많은 사람이 부모님께는 감사의 대상이었다.

언젠가는 작은오빠네 식구가 이사 가기 전에 살던 방에 웬 낯선 가족 4명이 살고 있었다. 졸지에 호적에도 없는 동생이 생기는 순간이었다. 형편이 어려워 그냥 들어와 살라 그러셨단다. 그 가족은 어린 딸이 대학생이 될 때까지 10여 년 이상을 그대로 살았다. 부모님은 언제나 어려운 사람들을 그냥 내버려두지 않으셨다. 우리 집 형편이 어려웠을 때도 마찬가지였다. 아버지가 직접 지어 살던 판잣집을 더 달아내서 또 다른 가족 5명을 살게 하신 적도 있었다. 그때부턴 우린 영락없는 가족이 되어버리는 것이다.

나는 부모님께 감사를 배웠다. 긍정적으로 살래야 사실 수 없는 환경 속에서도 늘 사람을 아끼고 존중하는 분들이셨다. 혼자 깨우친 어설픈 한글 실력으로 종이에 빼곡하게 마음을 담아 딸에게 건네주던 분들이셨다. 5~60년 세대 차이 나는 손자 손녀 8명하고도 일일이 진솔하게 대화하시던 분들이셨다.

자식들에게 하셨듯이 손주들에게도 매 순간 칭찬을 아끼지 않으시던 분들이셨다. 그런 분들이셨기에 그 고난의 세월 속에서도 꿋꿋이 버텨내셨을 것이다. 감사가 몸에 아예 배어서 당신들보다 자식, 그리고 남을 향한 사랑이 흘러넘쳤다는 걸 이제는 알 것 같다. 감사 습관으로 뇌의 긍정성을 높이면 회복 탄력성이 탄탄해진다는 이론을 몸소 실천으로 보여주신 분들이 바로 우리 부모님이셨다는 사실을 새삼 깨닫는다.

뇌와 마음은 통합된 하나의 체계이다. 마음을 훈련함으로써 우리의 뇌를 장기적으로 바꿀 수 있다는 사실에 주목하라. 또한, 스스로 뇌를 통제함으로써 우리의 마음도 제어할 수 있게 된다. 역경과 고난에도 좌절하지 않고 오뚝이처럼 일어설 수 있을 것이다. 그리하여 사랑 넘치는 충만한 삶을 살게 되리라.

긍정적으로 말하고 행동하라

길을 걷다 돌이 나타나면 약자는 그것을 걸림돌이라고 말하고,
강자는 그것을 디딤돌이라고 말한다.

– 토마스 칼라일 –

사람들 대부분은 긍정이라 하면 그저 막연하게 좋은 것이라고 알고 있
다. 왜, 어떻게 좋은지는 사실 알지 못하고 관심도 없었다. 그런데 바버
라 프레드릭슨 박사는 저서 『긍정의 발견』에서 긍정과 부정의 3:1 황금비
율에 관해 밝혔다. 긍정에 관한 수많은 실험을 통해 발견한 그것은 인생
의 성공은 긍정의 비율에 따라 결정된다는 것이다.

평범한 사람들의 삶에는 긍정과 부정의 비율이 1:1 또는 2:1에 그친다.
하지만, 번영하는 사람들은 그 비율이 3:1 이상을 이룬다는 사실이다. 일
반 사람들과 성공하는 사람에게서 보이는 긍정 · 부정의 비율이 다르다

는 점에 주목할 필요가 있다. 우리는 모두 인생의 성공을 꿈꾸고 삶이 행복하길 바란다. 그렇다면 황금비율의 논리에 따라 부정보다는 긍정이 3배 이상 많은 사람이 되도록 노력해야 할 것이다.

그 책에는 눈길을 끄는 한 가지 실험 결과가 더 나온다. 9·11 사고에 대처하는 사람들의 심리 상태에 대한 것이었다. 긍정과 회복 탄력성의 관계를 설명해주는 내용이다. 회복력 강한 성격의 사람들은 임상적 우울증의 징후를 거의 나타내지 않았다. 그들은 다른 사람들에 비해 확실히 사건에 더 뛰어난 대처 능력을 보였다. 여기서 가장 중요한 점은, 회복력이 강한 사람들과 그렇지 않은 사람들 사이의 가장 결정적인 차이점이 긍정성에 있다는 것이었다. 긍정성의 놀라운 점은 이처럼 높은 회복 탄력성에서도 드러난다. 어떤 안 좋은 상황을 겪어도 오뚝이처럼 쉽게 일어설 수 있다는 것은 굉장한 일이다. 우리가 자기 안의 긍정성을 끊임없이 찾고 키워야 하는 이유이다.

말에는 힘이 있다. 말이라는 것은 내 생각에서 비롯된다. 창조의 힘을 가진 생각은 말이 되어 나온다. 의식적으로 그 말을 반복함으로써 그에 합당한 행동을 하게끔 나에게 영향을 미친다. 그로 인해 긍정적인 말은 긍정적인 결과를 가져오고 부정적인 말은 부정적인 결과를 가져온다. 긍정적인 말과 행동이 습관으로 자리 잡으면 우리 안에 잠재의식의 힘이 최대로 발휘된다. 높은 수준의 성공을 달성할 수 있게 해준다.

긍정적으로 말하고 생각하는 것이 우리 인생에 놀랄 만한 변화를 가져온다. 지금 당장 긍정적인 말과 행동을 실천으로 옮겨라. 의심하지 말고 망설이지도 말기 바란다. 부정보다 최소한 3배의 긍정을 하고 살아야 할 이유를 이제는 알지 않는가? 못할 이유가 하나도 없다. 될지 안 될지는 다음 문제다. 긍정은 항상 우리 기분을 좋게 해준다. 지금 시작하면 당신의 꿈을 이루는 시간도 한층 더 빨리 다가올 것이다.

지금 하는 일도 그렇고 공인중개사 일을 할 때도 사람들을 많이 만나봤다. 직업적인 성격이 좀 다르긴 하지만, 사람을 상대하는 일이기는, 매한가지다. 사람을 만나다 보면 긍정적인 사람과 부정적인 사람은 한눈에 보기에도 티가 난다. 긍정적인 사람은 표정부터가 다르다. 말에는 항상 긍정의 메시지가 들어 있다. 얼굴엔 편안한 미소가 흐른다. 상대방을 배려하는 자세가 몸에 배어 있다. 그런 사람과 마주하게 되면 나 또한 자세를 고쳐 잡고 진심으로 대화하게 된다. 긍정적인 사람은 다른 사람에게 호감을 준다. 조금 부족해도 무언가 더 도와주고 싶은 마음이 들게 한다. 공인중개사 일을 할 때 만난 한 부부가 그런 사람들이었다.

임신한 아내의 손을 잡고 한 젊은 부부가 사무실 문을 열고 들어섰다.

결혼한 지 5년 차 부부였다. 양쪽 집안이 모두 다 넉넉하지 못해 두 사람의 힘으로 월세 방부터 시작했다고 한다. 알뜰살뜰 아끼고 저축한 돈을 모아 아기가 태어나기 전에 전셋집으로 이사하고 싶다고 했다. 나는 예전의 내 모습이 생각 나 격하게 공감하며 이야기를 듣고 있었다.

예나 지금이나 전셋집 구하기가 어려운 우리나라 상황에 그들도 나도 고민을 할 수밖에 없었다. 아무리 찾아봐도 돈에 맞출 만한 전셋집이 없었기 때문이었다. 이런저런 생각과 의논을 한 끝에 소형 아파트를 사자는 결론을 내렸다. 다행히 지금 다니고 있는 회사에서 대출을 싸게 받을 수 있다고 했다.

물론 대출까지 껴도 돈이 부족하긴 마찬가지였다. 하지만 나도 그들을 정말 도와주고 싶은 마음이 간절했다. 가격이 조금 차이가 나지만, 나중에 집주인을 설득해보기로 하고 우선 집을 보러 갔다. 아파트 자체는 지은 지가 오래돼서 많이 낡았지만, 집 내부는 주인 성격처럼 깔끔하고 아기자기하게 꾸며져 있었다.

젊은 부부는 시종일관 정돈되어 있는 집 상태와 인테리어를 칭찬하며 주인과 이야기를 나눴다. 집이 낡아 눈에 거슬리는 부분이 있어도 조금만 손보면 다 괜찮을 것 같다고 먼저 말을 건넨다. 집주인도 꽤 흡족해하는 눈치를 보였다. 문제는 가격이었다. 젊은 부부에게는 최대한 노력해 보겠다고 하고 일단 돌려보냈다.

시세보다 비싸게 내놓은 집도 아니어서 가격 좀 내려달라는 말을 꺼내기가 쉽지 않았다. 집주인에게 부탁해봤지만 역시나 가격 조정이 간단치 않았다. 내가 괜히 조바심이 났다. 그렇게 며칠이 흐르고 집을 보고 갔던 그 젊은 새댁이 친정엄마와 함께 사무실을 찾았다. 모전여전이었다. 그 엄마라는 분도 참 예의 바르고 상대방을 배려하는 사람이었다.

사무실에 들어올 때부터 손에 들고 있던 자그마한 종이가방 두 개 중 하나를 내게 내민다. 열어보니 직접 구운 쿠키가 여러 개 들어 있었다. 지난번에 봤던 집을 엄마랑 한 번 더 볼 수 있겠냐는 전화를 받고 그 집에는 연락을 취해놓은 참이었다. 다른 부동산 사무실을 통해서 집을 보고 간 사람이 있는데 계약을 하게 될지도 모른다고 했었다. 오늘 어떻게든 결론을 내야 할 판이었다.

집주인을 다시 만난 그 젊은 새댁은 지난번에 친절하게 대해주셔서 감사했다며 쿠키 봉지를 건넨다. 순간 당황해하면서도 집주인은 감격하는 눈치였다. 친정엄마가 어떻게든 돈을 좀 보탤 요량이라고 했다. 갭이 조금 줄어드니 이젠 다시 얘기를 꺼내볼 만했다. 무조건 해볼 테니 맡겨 달

라 하고 모녀를 배웅했다. 안 되면 내가라도 부족한 돈을 융통해서 빌려
줘야겠다는 마음을 먹은 뒤였다.

어떻게 됐겠는가? 결론부터 말하면, 그 젊은 부부는 그날 아파트를 계
약했다. 그런데 내가 한 일은 집을 보여준 거 말고는 아무것도 없었다.
부족한 돈을 융통해줄 일도 생기지 않았다. 집주인이 흔쾌히 그 부부의
형편에 맞는 금액으로 집을 팔았기 때문이다. 처음 제시한 가격대로 집
을 사겠다는 사람이 있었음에도 집주인은 이 젊은 부부를 선택한 것이었
다.

더 이상의 설명은 필요 없을 줄 안다. 그 젊은 부부의 긍정적인 말과 행
동이 급기야는 집주인의 마음을 돌렸다. 집 상태가 많이 안 좋다고 투덜
대면서 사서 올 수리를 해야겠다던 사람들 대신 그 부부를 택한 것이다.
돈보다는 인정을 더 귀하게 받아준 가슴 따뜻한 일이었다. 그 젊은 부부
의 밝은 마음이 집주인에게도 나에게도 뭐라도 기꺼이 해주고 싶은 생각
을 들게 한 것이었다.

부정적인 사람은 창틀의 먼지를 바라보며 투덜거리지만, 긍정적인 사
람은 창 밖의 아름다운 풍경을 보며 감탄한다지 않는가? 긍정적인 말이
습관이 된 사람들은 항상 밝고 활력이 넘친다. 그리고 잘 웃는다. '행복하

기 때문에 웃는 것이 아니라 웃기 때문에 행복하다'를 실천하는 사람들이다. 언제나 긍정적인 말로 상대방을 감동에 빠뜨리는 것도 일상이다.

긍정적인 사람은 누구보다 행복을 잘 가꾸며 살아간다. 자신이 못 가진 것에 마음을 두지 않고 자신에게 이미 있는 것에 감사할 줄 안다. 조금만 더 노력하면 다 이룰 수 있을 거라는 희망과 자신감이 넘친다. 이렇듯 머릿속 생각을 바꾸고 말을 바꾸고 행동을 바꿔서 살아가는 긍정적인 사람들이 성공하는 것은 지극히 당연한 일일 것이다.

매일 아침, 잠에서 깰 때 미소로 하루를 시작하라. 하루 중 어느 때라도 긍정적인 생각과 말을 선택하겠노라고 결심하라. 해가 지고 하루를 마무리하는 저녁 시간, 잠자리에 들기 전에 그날의 감사 일기를 작성하라. 이 세상에서 가장 소중하고 귀한 존재는 당신 자신이다. 건강과 풍요와 행복을 누릴 자격이 충분하다. 언제라도 그 믿음을 잃어버려서는 안 된다. 지금부터라도 꿈을 생각하고 긍정의 말과 행동을 선택해서 나아가라. 그리하면 당신이 원하는 모든 걸 이루게 될 것이다. 긍정과 감사가 당신 삶의 가장 든든한 버팀목임을 잊지 말기 바란다.

분주한 아침 일이 마무리되어가는 오전 10시 30분경의 편의점. 손님도 뜸할 시간이라 사방이 다 조용하다. 지금 밖에는 눈이 정말 많이 온다. 올겨울엔 유난히도 눈 내리는 빈도가 잦은 것 같다. 그래도 소복히 내리는 눈을 바라보고 있노라면 참 아름답다. 어느 운치 있는 정자에 걸터앉아 내다보는 듯한 착각이 들 정도로 창 밖 풍경은 고즈넉하기까지 하다. 이 책의 마지막 장을 읽고 난 독자 여러분도 이와 같은 마음이면 좋겠다는 생각을 해본다. 우리 인생은 원래 더할 수 없이 아름다운 것이라고!

눈길 위에서 넘어져 엉덩방아를 찧기도 하고, 운전대를 잡고 엉금엉금 기어가기도 할 것이다. 혹은 좀 더 심각한 상황을 맞닥뜨리게 되면 수습하느라고 정신없는 시간을 보내기도 한다. 하지만 우리는 이미 길을 나섰고, 길 위에 멈춰 제자리걸음을 하거나 뒤로 걸을 수는 없는 노릇이다.

때로 힘들고 지치더라도 목적지를 향해 가야 하는 게 맞다. 그 과정이 힘들다고 사계절의 자연이 주는 아름다운 선물을 원망하는 우를 범하지는 말아야 한다.

우리의 인생도 신이 주신 귀한 선물이다. 소중히 아끼고 아름답게 만들어가야 할 권리와 의무가 있다. 삶의 모든 순간이 빛날 수는 없다. 좋은 순간이 있으면 안 좋은 순간도 오게 마련이다. 오히려 걷다가 진흙에 발이 빠졌을 때, 그때 감사하는 마음을 갖자. 그만하기를 정말 다행이라고 여기고 감사하자. 감사하는 마음은 우리를 성장시킨다. 안 좋은 것만을 골라보며 불평하던 일그러진 내 삶을 반듯하게 펼 수 있게 도와준다. 원래 우리 안에 들어 있던 긍정의 힘을 찾고 사용할 수 있도록 이끌어준다.

나는 이 책을 쓰면서 새삼 우리 부모님과 형제자매의 아름다운 인생을 돌아보게 되었다. 사회적으로 얼마나 대단한 성공을 거두고 얼마만큼의 부를 이뤘는지는 중요하지 않았다. 삶의 고비마다 늘 옳은 길을 선택하고 포기하지 않은 힘이 긍정과 감사였음을 깨달았다. 이생에서 내 가족이 되어준 사실에 절로 감사한 마음이 들었다. 그리고 나 또한, 행복을 찾기 위해 열심히 노력하다 보니 어느 순간 잃어버렸던 마음의 힘을 발견했다. 책에서 밝혔듯이, 그 후의 내 삶은 매 순간이 나의 선택이었다.

내 인생임을 선언하고 긍정과 감사를 선택했다. 어떤 순간에도 행복하기를 선택했다. 내 삶의 주인은 바로 나다. 내 몸도 내가 아니고, 불쑥불쑥 올라오는 감정도 내가 아니다. 나의 모든 것을 지켜보는 나, 육체와 정신을 모두 아우르는 '큰 마음의 나'가 원래 주인이다. 그리고 감정은 때때로 나를 찾아오는 손님일 뿐이다. 그만큼만 대우해주고 바로 보내주면 그만이다. 나는 지금도 성장하기를 꿈꾼다. 원하는 것을 생각하고 할 수 있다는 말을 스스로 반복하여 나의 뇌리에 각인시킨다. 그에 맞는 행동을 하게 되는 건 물론이다. 그와 같은 믿음의 방법으로 가장 최근에 이룬 것이 바로 이 책이다.

나는 이 책에서 진솔하게 나의 모든 걸 다 드러내 보였다. 부모님과 형제자매, 그리고 나의 이야기는 물론 우리 아이들의 상황까지. 그런 나의 소망은 단 한 사람의 독자라도 스스로 선택하는 인생을 살아가주길 바라는 마음 그것 하나이다. 판단은 모두 책을 읽은 여러분들의 몫이다. 무엇을 선택할지도 각자 본인의 마음에 달려 있다. 부디 지금 힘들고 어려워도 행복을 선택하기를! 감사와 긍정의 두 버팀목을 발판 삼아 원하는 꿈을 모두 이루기를!

감사합니다! 이로써 책 쓰기를 모두 끝마친 저는 부모님을 뵈러 대전 현충원으로 향합니다.

도움 받은 책들

『감사의 힘』, 데보라 노빌, 위즈덤 하우스

『감사하면 달라지는 것들』, 제니스 캐플런, 위너스 북

『그저 감사했을 뿐인데』, 김경미, 메이트 북스

『긍정심리학』, 마틴 셀리그만, 물푸레

『긍정심리학은 기회다』, 우문식, 물푸레

『긍정의 말 습관』, 오수향, 북 클라우드

『긍정의 발견』, 바버라 프레드릭슨, 21세기 북스

『긍정의 힘』, 조엘 오스틴, 두란노

『나는 된다, 잘 된다』, 박시현, 유노 북스

『나는 할 수 있어』, 루이스 L.헤이, 나들목

『내가 확실히 아는 것들』, 오프라 윈프리, 북 하우스

『뇌내 혁명』, 하루야마 시게오, 사람과 책

『뇌의 스위치를 켜라』, 캐롤라인 리프, 순전한 나드

『놓아버림』, 데이비드 호킨스, 판미동

『놓치고 싶지 않은 나의 꿈, 나의 인생』, 나폴레온 힐, 국일 미디어

『땡큐 레터』, 신유경, 라온북

『듣고 싶은 말을 했더니 잘 풀리기 시작했다』, 하라 구니오, 유영

『마음근육』, 리사 니콜스, 중앙 북스

『말의 서랍』, 김종원, 성안당

『말투 때문에 말투 덕분에』, 이오타 다쓰나리, 포레스트 북스

『매직』, 론다 번, 살림

『뭘 해도 되는 사람』, 질 해슨, 유노 북스

『미러』, 루이스 L.헤이, 센시오

『믿음의 마법』, 마리 폴레오, 한국경제신문

『부의 법칙』, 캐서린 폰더, 국일 미디어

『부의 비밀』, 월리스 와틀스, 흐름출판사

『붓다브레인』, 릭 핸슨, 리처드멘디우스, 불광 출판사

『생각의 비밀』, 김승호, 황금사자

『생각이 바뀌는 순간』, 캐서린A.샌더슨, 한국경제신문

『생각하라 그리고 부자가 되어라』, 나폴레온 힐, 반니

『성난 물소 놓아주기』, 아잔 브라흐만, 공간의 기쁨

『소망을 이루어주는 감사의 힘』, 뇔르C.넬슨, 지니 르메어 칼라바, 한문화

『스스로 행복하라』, 법정, 샘터

『습관을 바꾸는 생각의 힘』, 야마사키 히로시, 이터

『습관을 조금 바꿨을 뿐인데 잘 풀리기 시작했다』, 사친 처드리, 비즈니스 북스

『시크릿』, 론다 번, 살림

『신경언어프로그래밍(NLP)의 기본적 발상방법』, 리처드 밴들러, 정암 미디어

『신과 나눈 이야기』, 닐 도날드 월쉬, 아름드리미디어

『39세 100억 젊은 부자의 믿음』, 이진우, 매경출판

『아, 그때 이렇게 말할 걸』, 가타다 다마미, 동양 북스

『안녕, 나의 모든 하루』, 김창완, 박하

『우니히피리』, 이하레아카라 휴렌, KR여사외1명, 지식의 숲

『우울할 땐 뇌 과학』, 알렉스 코브, 심심

『왓칭』, 김상운, 정신세계사

『자기신뢰』, 랄프 왈도 에머슨, 창해

『지금 당장 롤렉스 시계를 사라』, 사토 도미오, 에버리치 홀딩스

『지금 행복하라』, 앤드류 매튜스, 랜덤하우스 코리아

『지혜』, 월러스 워틀스, 생각의 나무

『칭찬의 힘』, 데일 카네기, 상상나무

『코끼리를 먹는 방법』, 미스티 론, 이터

『한 줄의 기적』, 감사일기, 양경윤, 쌤앤파커스

『행복을 선택한 사람들』, 숀 아처, 청림출판사

『행복을 인터뷰하다』, 김진세, 샘터

『호오포노포노의 비밀』, 조 비테일, 이하레아카라 휴렌, 판미동

『호오포노포노』, 평화에 이르는 가장 쉬운 길, 마벨 카츠, 눈과 마음

『화해』, 틱낫한, 불광출판사

『회복탄력성』, 김주환, 위즈덤 하우스

『회복탄력성이 높은 사람들의 비밀』, 조앤 보리센코, 이마고

『혼자 있는 시간의 힘』, 사이토 다카시, 위즈덤 하우스